中华文化风采录

丰富民俗文化

浪漫的七夕

王丽 编著

北方妇女儿童出版社
·长春·

版权所有　侵权必究

图书在版编目(CIP)数据

浪漫的七夕 / 王丽编著. —长春：北方妇女儿童出版社，2017.5（2022.8重印）

（丰富民俗文化）

ISBN 978-7-5585-1072-4

Ⅰ．①浪… Ⅱ．①王… Ⅲ．①节日－风俗习惯－中国－通俗读物 Ⅳ．①K892.1-49

中国版本图书馆CIP数据核字(2017)第100706号

浪漫的七夕

LANGMAN DE QIXI

出 版 人	师晓晖	
责任编辑	吴　桐	
开　　本	700mm×1000mm　1/16	
印　　张	6	
字　　数	85千字	
版　　次	2017年5月第1版	
印　　次	2022年8月第3次印刷	
印　　刷	永清县晔盛亚胶印有限公司	
出　　版	北方妇女儿童出版社	
发　　行	北方妇女儿童出版社	
地　　址	长春市福祉大路5788号	
电　　话	总编办：0431-81629600	

定　　价　36.00元

序言

习近平总书记说："提高国家文化软实力，要努力展示中华文化独特魅力。在5000多年文明发展进程中，中华民族创造了博大精深的灿烂文化，要使中华民族最基本的文化基因与当代文化相适应、与现代社会相协调，以人们喜闻乐见、具有广泛参与性的方式推广开来，把跨越时空、超越国度、富有永恒魅力、具有当代价值的文化精神弘扬起来，把继承传统优秀文化又弘扬时代精神、立足本国又面向世界的当代中国文化创新成果传播出去。"

为此，党和政府十分重视优秀的先进的文化建设，特别是随着经济的腾飞，提出了中华文化伟大复兴的号召。当然，要实现中华文化伟大复兴，首先要站在传统文化前沿，薪火相传，一脉相承，弘扬和发展5000多年来优秀的、光明的、先进的、科学的、文明的和自豪的文化，融合古今中外一切文化精华，构建具有中国特色的现代民族文化，向世界和未来展示中华民族具有独特魅力的文化风采。

中华文化就是中华民族及其祖先所创造的、为中华民族世世代代所继承发展的、具有鲜明民族特色而内涵博大精深的优良传统文化，历史十分悠久，流传非常广泛，在世界上拥有巨大的影响力，是世界上唯一绵延不绝而从没中断的古老文化，并始终充满了生机与活力。

浩浩历史长河，熊熊文明薪火，中华文化源远流长，滚滚黄河、滔滔长江是最直接的源头，这两大文化浪涛经过千百年冲刷洗礼和不断交流、融合以及沉淀，最终形成了求同存异、兼收并蓄的辉煌灿烂的中华文明。

中华文化曾是东方文化的摇篮，也是推动整个世界始终发展的动力。早在500年前，中华文化催生了欧洲文艺复兴运动和地理大发现。在200年前，中华文化推动了欧洲启蒙运动和现代思想。中国四大发明先后传到西方，对于促进西方工业社会形成和发展曾起到了重要作用。中国文化最具博大性和包容性，所以世界各国都已经掀起中国文化热。

中华文化的力量，已经深深熔铸到我们的生命力、创造力和凝聚力中，是我们民族的基因。中华民族的精神，也已深深根植于绵延数千年的优秀文

序言

化传统之中，是我们的精神家园。但是，当我们为中华文化而自豪时，也要正视其在近代衰微的历史。相对于5000年的灿烂文化来说，这仅仅是短暂的低潮，是喷薄前的力量积聚。

中国文化博大精深，是中华各族人民5000多年来创造、传承下来的物质文明和精神文明的总和，其内容包罗万象，浩若星汉，具有很强的文化纵深感，蕴含丰富的宝藏。传承和弘扬优秀民族文化传统，保护民族文化遗产，已经受到社会各界重视。这不但对中华民族复兴大业具有深远意义，而且对人类文化多样性保护也有重要贡献。

特别是我国经过伟大的改革开放，已经开始崛起与复兴。但文化是立国之根，大国崛起最终体现在文化的繁荣发展上。特别是当今我国走大国和平崛起之路的过程，必然也是我国文化实现伟大复兴的过程。随着中国文化的软实力增强，能够有力加快我们融入世界的步伐，推动我们为人类进步做出更大贡献。

为此，在有关部门和专家指导下，我们搜集、整理了大量古今资料和最新研究成果，特别编撰了本套图书。主要包括传统建筑艺术、千秋圣殿奇观、历来古景风采、古老历史遗产、昔日瑰宝工艺、绝美自然风景、丰富民俗文化、美好生活品质、国粹书画魅力、浩瀚经典宝库等，充分显示了中华民族厚重的文化底蕴和强大的民族凝聚力，具有极强的系统性、广博性和规模性。

本套图书全景展现，包罗万象；故事讲述，语言通俗；图文并茂，形象直观；古风古雅，格调温馨，具有很强的可读性、欣赏性和知识性，能够让广大读者全面触摸和感受中国文化的内涵与魅力，增强民族自尊心和文化自豪感，并能很好地继承和弘扬中国文化，创造未来中国特色的先进民族文化，引领中华民族走向伟大复兴，在未来世界的舞台上，在中华复兴的绚丽之梦里，展现出龙飞凤舞的独特魅力。

目录

天河夜话——起源演变

牛郎和织女在汉水结缘终生　002
七夕节在后世岁月中的演变　009
演绎形成经典曲目《天河配》　028

别致浪漫——七夕风俗

036　乞巧形式的多变发展和衍化
057　种生求子和拜七娘妈习俗
065　兰夜斗巧和拜月乞巧的盛会

目录

精彩纷呈——特色习俗

北京的祭双星和投巧针之俗　070
浙江地域特色浓郁的节庆习俗　076
晋陕地区独特的结扎巧姑草人　086

天河夜话

起源演变

农历七月初七，是我国的传统节日七夕节。这是我国农耕社会传承下来的重要节日之一，是我国传统节日中最具浪漫色彩的一个节日，也是女子最为重视的日子。

在七夕的夜晚，天气温暖，草木飘香，天上繁星闪耀，一道白茫茫的银河横贯天空南北，在银河的东西两岸，各有一颗闪亮的星星，隔河相望，遥遥相对，那就是牵牛星和织女星。

对于这两颗星辰，民间演绎出牛郎与织女的爱情传说，它体现了古人的农耕信仰和蚕桑信仰，寄托了劳动人民的生活理想，负载着中华民族的共同情感，展示了民间文学独具一格的审美情趣。

牛郎和织女在汉水结缘终生

相传在很久以前，在安康汉江畔住着一个勤劳忠厚、心地善良的小伙子，大家都叫他牛郎。

牛郎的父母早亡，他跟着哥哥和嫂嫂过日子。但是，嫂子对牛郎很不喜欢，经常想方设法地刻薄他，不仅让牛郎食用剩下的稀汤薄

嫂嫂让牛郎放牛图

牛郎耕地剪纸

水,并且还三天两头地寻碴刁难牛郎。

牛郎的哥哥看见了,心疼牛郎,但是他却对此事无可奈何,心想牛郎离开了这个家会过得好一点,于是就让牛郎搬出去分家另过。

等到分家那天时,牛郎既不要房子也不要地,只要那头与他朝夕相处的老牛。

可是这头老牛实在是太老了,有一天在耕地的时候,不小心跌倒了,摔坏了身子骨儿。但是牛郎却丝毫没有嫌弃它,每天清晨都要出去漫山遍野地收集百花露,给老牛洗伤口,一直洗了七七四十九天。一到晚上,牛郎则依偎在老牛身边睡觉,一直陪伴了老牛整整七七四十九天。

在牛郎的精心照顾下,老牛的伤势开始渐渐好了起来,它对牛郎很是感激,于是就更加努力地帮助牛郎犁田打耙。

就这样,牛郎每天耕田种地,糊口度日。可是,除了那头不会说话的老牛之外,冷冷清清的家里只有他一个人,日子过得没滋没味的。

有一天,出了一件稀奇事,老牛突然开口对牛郎说话了。老牛说:"牛郎,今天你一定要去汉江边一趟,那里有七个仙女洗澡呢!你把那件绿色的仙衣藏起来,绿衣仙女就会成为你的妻子。"

■ 金牛星点化牛郎图

牛郎见老牛口吐人言，又奇怪又高兴，便好奇地问道："牛大哥，你是？"

老牛说了实情，牛郎这才知道，这头老牛原来是天上的金牛星，因犯了天条被玉皇大帝一巴掌打下凡间。

老牛所说的绿衣仙女，原来是天宫王母娘娘最心爱的孙女，因她有一双巧手，织得美丽云锦，将天空装点得五彩缤纷，大家就称呼她为"织女"。

这织女与牛郎本来就有前世未了的姻缘，金牛星一心要报答牛郎的大恩大德，于是就有意撮合他们。

再说天上的仙女们，她们听说在大地的中心有条居中的河流，名叫汉江。一想到汉水蓝湛湛、清幽幽的，她们都恨不得立马跳进汉江里，痛痛快快地游上一阵子。

玉皇大帝 全称"太上开天执符御历含真体道金阙至尊昊天玉皇大帝"，居住在玉清宫。道教认为玉皇为众神之王，神权最大。玉皇大帝除统领天、地、人三界神灵之外，还管理宇宙万物的兴隆衰败、吉凶祸福。

机会终于等来了！王母娘娘在一年一度的蟠桃宴上喝醉了酒，不省人事。机会难得！于是，众仙女在彼此的耳边一嘀咕，便悄悄地从王母娘娘身边溜走，飘落到人间一游。

牛郎依照金牛的吩咐，悄悄地躲在大石头后面，等候仙女们来汉江洗澡。

大约等了两个时辰，天上果然飘下来七位仙女。只见她们脱了五彩霓裳，跳进汉江玩耍嬉戏，笑语喧喧，好不欢畅！仙女们游了大约两个时辰后，便纷纷上岸穿衣，准备返回天庭。

就在这个时候，牛郎突然从大石的后面跑出来，拿走了那件绿色的仙衣，跑上了半山坡，最后躲进了一个山洞里。

绿衣织女见有人拿了她的衣服，很是焦急。她赶忙追进山洞，见到一陌生的凡间男子，她禁不住羞红

时辰 我国古时把一天划分为十二个时辰，每个时辰相等于现在的两小时。相传古人根据我国十二生肖中的动物的出没时间来命名各个时辰，分别为子、丑、寅、卯、辰、巳、午、未、申、酉、戌、亥。

■ 众仙女洗澡图

■ 盗衣结缘剪纸

了脸,央求牛郎还她仙衣。

无论织女怎么恳求,牛郎还是记住了金牛星说的话,不仅不还织女的仙衣,反而苦苦哀求织女嫁给他,做他的妻子。

织女本已厌倦天庭的生活,此时,又见牛郎一副憨厚的模样很是可爱,便有些心动了,于是就轻轻地点了点头。

随后,由金牛星做媒,织女高高兴兴地嫁给了牛郎,从此过着男耕女织的舒心日子。

织女见汉江两岸桑树遍地,便采集桑叶,养蚕缫丝。原先这地方的人并不懂得兴桑养蚕,织女便教大家,还将蚕种送给大家。那蚕种一变为蚕,再变为茧,三变为蛾,一爬二挂三飞,真是神奇,大家称它为"天虫"。

随后,附近十里八村的百姓们得了织女的指教,都学会了养蚕缫丝的技艺。自此后,家家都变得吃穿不愁。这里也因为丝绸业兴旺发达而富甲一方,引起了朝廷的关注。

牛郎自从娶了织女为妻后,小日子过得红红火火,还添人进口,有了一儿一女。

再说王母娘娘酒醉醒来后,人间已是十数年光阴了。王母娘娘迷迷糊糊地睁眼一看,不见了自己心爱的孙女!没有织女织的彩锦装点,突然觉得天空也不

王母娘娘 我国神话传说中的女神。原是掌管灾疫和刑罚的神,后于流传过程中逐渐女性化与温和化,而成为慈祥的女神。相传王母住在昆仑仙岛,王母的瑶池蟠桃园里种有蟠桃,食之可长生不老。亦称为金母、瑶池金母、瑶池圣母、西王母。

美丽了。王母娘娘虽然有些气恼，但她也没派天兵将织女强行捉拿，而是亲自下凡，把织女带回了天庭。

织女被王母娘娘拽着飞上天空，飞着飞着，忽然后面传来牛郎的呼唤声："织女，等等我！织女，等等我！"

织女回头一看，只见牛郎用一对箩筐，挑着一儿一女，披着一张老牛皮急急忙忙地赶了上来。

原来金牛星早已算准了这事，知道王母娘娘一觉醒来必定会来寻找织女的。于是在返回天庭前，老牛悄悄地告诉牛郎，在它死后，留下它的皮，遇到危难时可以派上用场。

牛郎最为担心的这一天终于来了，他急忙遵照老牛的话，披上老牛的皮去追赶织女。追呀追呀，喊呀喊呀，眼看就要追上了。

就在这时，王母娘娘拔下她头上的金簪，回身一画，霎时间，一道波涛汹涌的天河就出现了。牛郎和织女由此被隔在天河的两岸，一天天，一月月，一年年，苦苦地相望。

王母娘娘也并非铁石心肠，见此情此景，也稍稍被牛郎和织女的坚贞爱情所感动，于是便同意让牛郎和织女每七日相会一次，并令喜鹊王传达懿旨。

懿旨 宋代公文上承唐代体制，种类更趋繁杂。元代公文略有变化，如诏令称圣旨，命令称令旨，指令称懿旨，并增加了一些新的文体，如行移、申状之文。所以对于皇帝的诏令称为圣旨，对于皇太后或皇后的诏令或指令称为懿旨。

■ 担子追妻剪纸

可是，这喜鹊王实在是太老了，有些耳聋，将"每七日相会一次"说成"每年七月初七相会一次"。

王母娘娘甚为恼怒，罚喜鹊王率它的徒子徒孙们搭鹊桥让牛郎和织女相会，名叫"鹊桥渡"。

从那以后，每年的七月七日，千万只喜鹊飞来，搭成鹊桥，让牛郎和织女走上鹊桥相会。牛郎和织女从喜鹊头上踩过，踩掉了喜鹊头上的毛，所以一到秋天喜鹊就成了秃头。

鹊桥之上，牛郎和织女见面了，积攒了一年的心里话要赶在这一天诉说。传说，若是人们在葡萄架下静静地听，还可以隐隐听到仙乐奏鸣以及织女和牛郎的窃窃私语，简直说个不停呢！

从此，在秋天的夜晚，人们看见一道与汉江相对的银河横过天空，银河两边有两颗最亮的星星在闪烁，那便是织女星和牵牛星。和牵牛星在一起的还有两颗小星星，那便是牛郎和织女的一儿一女。

牛郎和织女的爱情故事曲折跌宕，但是，有情人终能有每年七夕相会的机会，这也表达了人们期待幸福、圆满生活的强烈愿望。

阅读链接

关于牛郎和织女的故事，还有一种说法。说有一个养犬的小伙子看见织女在湖中洗澡，遂藏起了她的衣服，与她成亲并生有一子。

七年后，织女发现了仙衣后，披在身上飞走了，小伙子每天望着星空叹息不止。这时邻居一位老人告诉小伙子，说只要1000双草鞋埋在瓜秧下面，瓜秧可高达上天，人便可攀登上去，小伙子照做了。

当瓜秧长高后，小伙子果然携子带犬爬上了天空，见织女正在织布，他便从秧上摘下一个瓜送给她。谁知，一切开瓜，瓜汁立刻流出变成了一条天河，又将夫妻隔开了，他们每年农历七月初七才能见一面。

七夕节在后世岁月中的演变

农历七月初七这天,在夏商周时代就有人注意到了。古人认为"七月黍熟,七日为阳数"。当时在民间,这一天只有些与农事相关的活动。

《诗经·小雅·大东》这首诗描述说,银河两岸的织女星、牵牛星,尽管有其名,却不会织布,不能拉车。诗中对织女、牵牛两星仅是作为自然星辰形象,引出一种隐喻式的联想,并无任何故事情节。

这时人们对两星的认识,虽然很可能与当时农耕信仰中的谷物

牛郎织女图

牛郎织女塑像

神,即牵牛星和帝女之桑女神即织女星有关,但还只是有关日月星辰简单的神话形象,同对爱情的认识和想象尚处在两个完全不同的系统之中,自然它还不能成为传说的前身或胚胎。

这不是说同传说绝无关系。因为,此时的牵牛与织女,已不再是纯粹自然现象的星座而并无其他含义,牛郎星和织女星作为一种文化的因素,开始进入文学的大系统之中。正是这种因素,为这个古老而浪漫传说的生成,准备了潜在的文化条件。

牛郎和织女传说中,主要人物牛郎和织女的原型是周人的祖先叔均和秦人的先祖女修。周秦文化的交融造就了这一流传千古、脍炙人口的民间传说。

关于牛郎和织女传说的典籍记载,最早见于《诗经·大雅·大东》中:

跂彼织女,终日七襄,虽则七襄,不成报章。睆彼牵牛,不以服箱。

其二为《诗经·周南·汉广》：

> 南有乔木，不可休思。汉有游女，不可求思。

这些记录只是牛郎和织女传说的雏形，这几句话描述了织女没有织布，牵牛不拉车，显然，此时描绘的织女星和牵牛星，主要还是作为带有农耕文明和家庭手工业文明象征的两个星宿出现，至汉末，牛郎和织女的故事形成基本情节，并奠定了悲剧的基调。

到了秦汉以后，对相隔银河的织女星和牵牛星，人们附会了不少神话传说，产生了许多与之有关的民间故事，给这节日的风俗增添了很多新的内容。

七夕风俗除继承远古的一些习俗外，在汉代以后，还产生了与牛郎、织女相关的文学故事。

> **叔均** 本名姬均，"叔"字放在名字前，或表示尊敬，或表示长幼次序。他是帝喾之孙、台玺之子、周部族的杰出首领，他与父亲一起也被周王尊为先祖。叔均聪明敏慧，有智谋，在民众中有很高的威信。

■ 织布塑像

■ 古画中女子刺绣、晒画图

在西汉时期,织女、牵牛已经被传为两位神人,而且有了塑像,面面相对。汉武帝刘彻命人于京都长安开凿昆明池,并于池的两侧摆放牵牛、织女石像。如班固的《西都赋》记载:

临乎昆明之池,左牵牛而右织女。

牵牛和织女已经从天上来到了人间。原来被远远地隔离在银河两边,但随着时间的推移,爱情因素同牵牛、织女传说的结合日渐明显。

牵牛、织女两星已经具备了人物形象,弄机织布,思念流泪,并且开始被编织为一幕恩爱夫妻因受银河之隔的爱情悲剧。

到了汉代,在司马迁的笔下,织女的家庭出身才

班固(公元32年~公元92年),东汉官吏、史学家、文学家。史学家班彪之子。初兰台令史,迁为郎,典校秘书,潜心20余年,修成《汉书》,当世重之,迁玄武司马,撰《白虎通德论》,善辞赋,有《两都赋》等。

有了一些眉目。在《史记·天官书》中说：

织女，天女孙也。

这句话的意思是说织女是天帝的孙女，亦称天孙，是个仙女。

仙女长年织造云锦，自从嫁与河西牛郎后，织造就中断了。天帝大怒，责令她与牛郎分离，只准每年七夕相会一次。而牛郎则未能脱俗，始终是个凡夫俗子。因此七夕相会，也就是仙凡相会。

在《汉书·天文志》中，也有牵牛、织女双星的记载。到了南北朝时，任昉在《述异记》中记载：

大河之东，有美女丽人，乃天帝之子，机杼女工，年年劳役，织成云雾绢缣之衣，辛苦殊无欢悦，容貌不暇整理，天帝怜其独

> 《史记》 由司马迁撰写的我国第一部纪传体通史，是二十五史中的第一部，书中记载了我国从传说中的黄帝至汉武帝后期长达3000年左右的历史。《史记》是我国传记文学的典范。它是历史、文学的统一体，是文学的历史，又是历史的文学。

■ 古代纺织图

■ 织布蜡像

处，嫁与河西牵牛为妻，自此即废织纴之功，贪欢不归。帝怒，责归河东，一年一度相会。

在汉末的《古诗十九首》中，也有这样的描写：

迢迢牵牛星，皎皎河汉女。
纤纤擢素手，札札弄机杼。
终日不成章，泣涕零如雨。
河汉清且浅，相去复几许？
盈盈一水间，脉脉不得语。

这首诗比起《诗经·小雅·大东》中说得更加凄凄切切，道出了一对有情人，两地相思，饱受隔绝之苦的爱情悲剧。

诗中虽然没有直言牵牛、织女是夫妻，但织女

> 《古诗十九首》
> 组诗名，是乐府古诗文人化的显著标志。为南朝萧统从传世无名氏《古诗》中选录十九首编入《昭明文选》而成。它是在汉代民歌基础上发展起来的五言诗，多写离愁别恨和彷徨失意，思想消极，情调低沉。其长于抒情，善用事物来烘托，寓情于景，情景交融。

终日思念牵牛,渴望相见,"盈盈一水间,脉脉不得语"的情节则是十分清楚的。

在东汉应劭编撰的《风俗通义》中有一段记载:

> 织女七夕当渡河,使鹊为桥,相传七日鹊首无故皆髡,因为梁以渡织女也。

这表明,在当时,不仅牵牛、织女为夫妻之说已被普遍认可,而且他们每年以喜鹊为桥、七夕相会的情节,也在民间广为流传,并融入了风俗之中。

在七夕之夜,妇女们不仅争出家门观赏"乌鹊填河成桥而渡织女"的"鹊桥之会",而且还要祭拜牛郎星和织女星,乞愿七巧。

对于这一点,可以从汉代的一些画像砖中体现出来。据吴曾德著的《汉代画像石》一书中记载,在山东历城孝里铺孝堂山的郭氏墓石祠中,有一幅石刻天象图。

图中有牵牛星、织女星遥遥相对,在织女星下有一女子正坐在织机上操作,旁边还有一只飞鸟,就是传说中牛郎、织女以鹊为桥、七夕相会的表现。

此外,在河南省南阳汉画馆中,也有一幅表现牛郎和织女的画像。这幅画像右上角有一牵牛星,星下画一牛,牛前有一人做

《风俗通义》 汉唐人多称为《风俗通》,东汉的泰山太守应劭所著。原书32卷,今仅存10卷。该书考论典礼类《白虎通》,纠正流俗类《论衡》,记录了大量的神话异闻,但作者加上了自己的评议,从而成为研究古代风俗和鬼神崇拜的重要文献。

■《天河配》图

扬鞭牵牛状，左下角有一织女星，里面跪坐着一位头挽高髻的女子。这显然也是对牛郎、织女传说的一种艺术表现。

在三国时期，更有不少诗文反映了这一内容。如曹植的《九咏注》说：

> 牵牛为夫，织女为妇，织女、牵牛之星，各处一旁，七月七日得一会同矣。

由此可见，牵牛、织女已经成为诗人表现爱恋和思念之苦的一种突出和常用的意象。

到了魏晋南北朝时期，牛郎和织女的故事几乎发展完备，南朝梁人宗懔的《荆楚岁时记》：

> 天河之东有织女，天帝之女也。年年织杼劳役，织成云锦天衣。天帝怜其独处，许嫁河西牛郎，嫁后遂废织纴。天帝怒，责令归河东，唯每年七月七日夜渡河一会。

天帝似乎是一个严厉的家长，这大概是汉魏时期家族生活、伦理规范的反映。

画像砖 画像砖起源于战国时期，盛行于两汉，多在墓室中构成壁画，有的则用在宫室建筑上。画像砖主要用木模压印然后经火烧制成，也有是在砖上刻出纹饰，画面内容非常丰富，因此，它们不仅是美术作品，也是记录当时社会生产、生活的实物资料。

■ 乞巧的妇女图

我国文学的特点主要是以诗文见长，早期神话传说的流传也多以诗词为载体，诗人墨客们伤怀吟哦那相思时的期待，相会时的缱绻，相离后的惆怅，而诗文的优点是可以无限浪漫缥缈，却难以有实质性的内容，所以，在很长一段历史时期内，这一传说情节并无太多的进展。

后来话本志怪小说戏剧的兴盛繁荣，才使得牛郎织女的传说真正拉开了讲故事的架势，包括背景、时间、地点、人物、事件的来龙去脉等，眉目清晰，详细完整。

■ 鹊桥相会图

干宝《搜神记》卷一的《董永之妻》便是这个流传甚广的民间故事最早的版本，也是后来《天仙配》的蓝本。董永的孝心感动了上天，天帝派织女下凡与他结为夫妇，助他偿债。

另一篇《毛衣女》则讲了一位下凡的羽衣仙女，与豫章新喻县一名男子结为夫妇的故事。

后来所出现的《天仙配》，可能是把二者加上古老的牵牛织女的传说糅合起来，最后形成了我们耳熟能详的故事。

魏晋南北朝时期的牛郎和织女故事，开始与七夕节俗相互融合，七夕节成为普遍的节日，其活动也日益丰富，南朝梁宗懔《荆楚岁时记》记载：

曹植（192年~232年），字子建，沛国谯县人。三国时期曹魏著名文学家，建安文学的代表人物。他生前曾为陈王，去世后追谥号为"思"，因此又称"陈思王"。后人因他文学上的造诣而将他与曹操、曹丕合称为"三曹"，南朝宋文学家谢灵运更有"天下才有一石，曹子建独占八斗"的评价。

> 宗懔（约501年~565年），字元懔，荆州人。南朝梁官员，学者。少年好学，昼夜不倦，善引典故，乡里称之为"童子学士"。宗懔的著作甚多，并流传日本及东南亚各国。最著名的是《荆楚岁时记》，这是我国现今保存最为完整的一部记录岁时节令、风物故事的笔记体散文著作。

七月七日，为牵牛、织女聚会之夜……是夕，人家妇女结彩缕，穿七孔针。或以金银瑜石为针，陈瓜果于庭中以乞巧，有喜子网于瓜上，则以为符应。

这充分反映了民间女子在七夕穿针引线、祭星乞巧的情景。

通过观看蜘蛛结网的情状来占卜自己在针线织作方面的天赋，也是一种女性们在乞巧时经常采用的一种方式。

南朝时的做法是将蜘蛛放在瓜上，让它在瓜上结蛛网，然后根据蛛网的密与疏来推测自己是否得巧，为它所附着的牛郎和织女的传说故事得到广泛传播，

这个时期，七夕原有的禁忌意义在此时已经完全消失，农历七月初七成为了欣赏天庭欢聚、乞求人间幸福的吉日。

■ 牛郎织女相会图

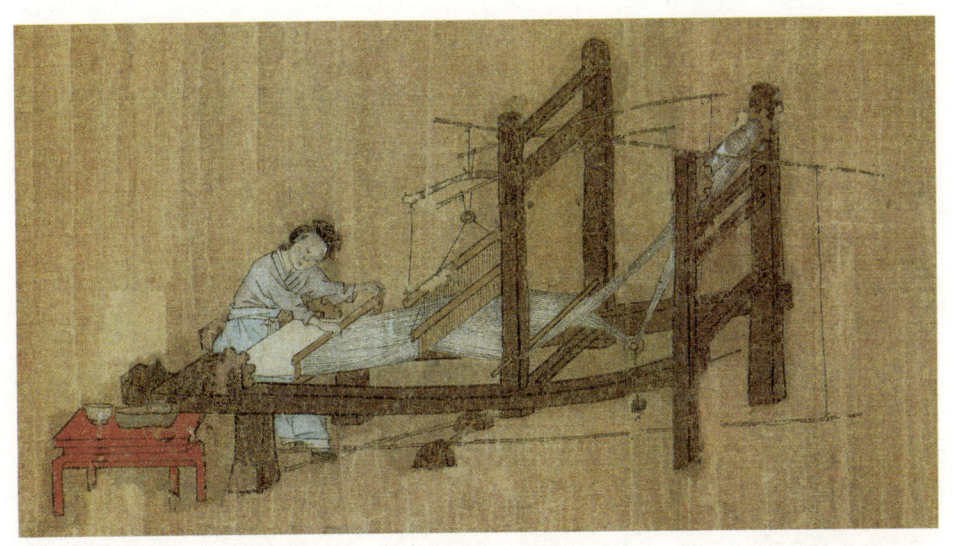

■ 古人纺织图

因此在这一时期,七夕节不仅继承发展了已有的"乞巧"习俗,还添加了乞求富贵、乞求长寿、乞求生子的习俗。

同时,由于人们对牛郎和织女之间坚贞的爱情的向往和追求,七夕节成为人们的情感依托。而汉代的登楼晒衣习俗到魏晋时演变成为晒书习俗。

《世说新语》记载:

> 郝隆七月七日见邻人皆晒衣服,隆乃仰,出腹卧,云"晒书"。

另有阮咸先生看见邻里在七夕曝衣,而他家徒四壁却也翻出自己的粗布破裤晾出来。这显示出七夕习俗在民间的影响极大。

这其中,乞求爱情与求子都与古代女性的生活及精神密切相关,封建社会对于子嗣的重视也直接决定了女性的地位,所以求子也是当时女性的重要活动,

占卜 "占"意为观察,"卜"是以火灼龟壳,认为就其出现的裂纹形状,可以预测吉凶福祸。它通过研究观察各种征兆所得到的不完全的依据来判断未知事物或预测将来。在许多社会里,占卜仅仅是操作者在将行某事时,由于没有把握而借助某些器具或现象寻求信息或解答,由此满足心理需求的行为。

> **《世说新语》**
> 南朝时期产生的一部主要记述魏晋人物言谈轶事的志人小说,全书原8卷,刘峻注本分为10卷,今传本只有作3卷,分别为德行、言语、政事、文学、方正、雅量等36门,记述自汉末到刘宋时名士贵族的逸闻逸事,主要为有关人物评论、清谈玄言和机智应对的故事。

而对于爱情的祈求则是封建女性难以实现的美好愿望。

七夕食俗也形成于魏晋南北朝,相关最早的记载是在晋周处的《风土记》中,七月初七是个好日子,这天的饮食也不同于以往,北人会吃汤饼。汤饼又称"不托",是一种经水煮过后的面块等简单的食物。

人们在七夕节吃饼有其文化内涵。饼是圆状,古人认为"圆,阳物也",阳物有辟邪的功能,吃阳物可以求吉利。而且,圆还暗示在七夕之夜牛郎和织女鹊桥相会,有团圆之意,所以古人也把七夕饼叫做"巧饼"。

与此同时,还涌现出许多描写七夕风俗的诗歌。其中最多的是描写七夕穿针的诗。如梁简文帝萧纲的《七夕穿针诗》:

怜从帐里出,想见夜窗开。

■ 送子观音塑像

针欹疑月暗，缕散恨风来。

■ 乞巧习俗图

刘遵的《七夕穿针诗》：

步月如有意，情来不自禁。
向光抽一缕，举袖弄双针。

穿针乞巧的习俗在这时就已出现了，并且被后世之人不断地延续了下来。

唐代长安盛行各种七夕节俗，在《开元天宝遗事》中，也有"宫中嫔妃各以九孔针、五色线向月穿之，过者为得巧之侯，动清商之曲，宴乐达旦，士民之家皆效之"的记载。宫女们长期被幽禁在宫廷中，生活的寂寞，情感的空虚，使她们对七夕穿针之事甚感兴趣。

唐代崔颢的《七夕》诗，曾形象地描述了唐代长

> 萧纲（503年~551年），字世缵，小字六通，南兰陵中都里人。梁武帝萧衍第三子，侯景之乱中被迫登位，在位两年，被弑。梁元帝萧绎即位后，追谥为简文皇帝。他也是一位文学家，以"宫体"诗而著名，代表作品有《咏内人昼眠》《和徐录事见内人卧》。

> 崔颢（？～754年），唐朝汴州人，著名的诗人，唐玄宗开元十一年的进士。《旧唐书·文苑传》中把他和王昌龄、高适、孟浩然并提，但他宦海浮沉，终不得志。他秉性耿直，才思敏捷，其作品激昂豪放，气势宏伟，著有《崔颢诗集》。

安七夕节女性们穿针乞巧的风俗，诗云：

长安城中月如练，家家此夜持针线。
仙裙玉佩空自知，天上人间不相见。

长安城中家家户户的少女少妇，在七夕节时都要持针线、供瓜果、摆香案，向织女乞巧，其目的也正是为了想要证实自己在针线活计方面的天赋与才能。

唐代时，皇宫中也十分盛行用蜘蛛乞巧的习俗，据《开元天宝遗事》记载，当时每至七夕节，宫女们便要：

各捉蜘蛛闭于小盒中，至晓开视蛛网稀密，以为得巧之侯。密者言巧多，稀者言巧少，民间亦效之。

■ 古画中唐代宫廷女子

唐宋时期，七夕食饼又出现了变化，《唐六典》中记载：

> 七月七日加研饼，并于常食之。

宋代以后，农耕文明进一步发展，从朝廷到民间，牛郎、织女成为了祭祀的神灵，祭祀盛行推动了七夕节的发展。七夕节俗活动更加丰富了，除了保存历代流传下来的习俗，还出现了《天河配》《长生殿》等节令戏，七夕节成为了可以使民众娱乐放松的节日。

宋代罗烨、金盈之编辑的《醉翁谈录》说：

> 七夕，潘楼前买卖乞巧物。自七月一日，车马填咽，至七夕前三日，车马不通行，相次壅遏，不复得出，至夜方散。

《唐六典》 全称《大唐六典》，是唐朝一部行政性质的法典，是我国现有的最早的一部行政法典。唐玄宗时官修，旧题为唐玄宗撰、李林甫等注，实为张说、张九龄等人编纂，所载官制源流自唐初至开元止。六典的名字出自周礼，主要指治典、教典、礼典、政典、刑典、事典，也是后世设六部的基础。

由此，我们能够得知当时七夕节热闹非凡的场景。

七夕节在元代多被称为"女儿节"，可以看出到这时，七夕节的节俗基本是以女性为主了。

《析津志》中对七夕节这天在市中、朝中、宫中等热闹庆祝节日的场景作了详细的记载。牛郎和织女的传说已经很普遍了，南宋罗愿《尔雅翼》卷一三也说：

涉秋七日，鹊首无故皆髡。相传以为是日河鼓与织女会于汉东，役乌鹊为梁以渡，故毛皆脱去。

此时也涌现出很多颂扬牛郎和织女的诗词。例如北宋秦观的《鹊桥仙》：

纤云弄巧，飞星传恨，银汉迢迢暗度。
金风玉露一相逢，便胜却人间无数。
柔情似水，佳期如梦，忍顾鹊桥归路。
两情若是久长时，又岂在朝朝暮暮。

便是赞颂七夕的著名词篇。

明清时期，七夕有吃"结缘豆"的食俗，在《漳州府志》中记载了关于用熟豆相亲来证明有缘，并结缘的习俗。

明代是牛郎和织女传说演变的重要时期。由于特殊的社会、文化背景，牛郎和织女传说在明代进入了文人和民间艺人的视野，被加以重述。

明代产生了以牛郎和织女为题材的小说、戏曲，短篇小说有《鉴湖夜泛记》及依据其改编的《灵光阁织女表诬词》，中篇小说有《新刻全像牛郎和织女传》，杂剧有《渡天河织女会牵牛》，传奇有《相思砚》《鹊桥》。

《鉴湖夜泛记》是明初文学家瞿佑《剪灯新话》中的一篇短篇文言小说，记述元代处士成令言一日忽至天河，遇到织女，织女诉说神界并无牛郎、织女结为夫妇的事。

小说继承了民间牛郎和织女传说中的因素，如织

瞿佑 字宗吉，号存斋。元末明初文学家。其多才多艺，著有《存斋诗集》《闲史管见》《香台集》《咏物诗》《存斋遗稿》《乐府遗音》《归田诗话》《剪灯新话》等。

■ 宋人纺织图卷

■ 牛郎会玉帝图

白话小说 发源于唐代的一种文学形式。白话小说的前身是民间故事和所谓的"街谈巷语",在我国文学发展的历史长河中,小说经历了不断地丰富和拓展,到宋代的话本阶段基本成熟定型,直到明代才迎来了真正的繁荣,成为与抒情文学分庭抗礼的一大文学体系。

女具有高贵的身份,但将织女塑造成一个高贵且与牵牛无关的神仙,从根源上否定民间流传的牛郎和织女传说,这是反封建主题的民间传说,在理学思想占统治地位的时代的必然遭遇。

明末白话小说《灵光阁织女诓词》,内容由《鉴湖夜泛记》增益而成。

从这篇白话小说可以看出,瞿佑的《鉴湖夜泛记》在文人阶层中的影响。他的作品反映了在理学思想禁锢下文人思想的僵化,及其对古代神话、民间传说的曲解。

明清时期,江西七夕节有吃"油饼",喝"巧水"的习俗。

这一时期,女性们在过七夕节时又开始流行起一种新的乞巧方法,那就是通过观看针在水中的投影来验证自己的针线织作水平高低,这叫作"丢巧针",

又叫做"督巧"。

《帝京景物略》卷二《春场》记载：

七月七日之午丢巧针，妇女曝盎水日中，顷之，水膜生面，绣针投之则浮，看水底针影。有成云物花头鸟兽影者，有成鞋及剪刀水茄影者，谓乞得巧；其影粗如槌、细如丝、直如轴蜡，此拙征矣。妇或叹，女有泣者。

这种卜巧方法在《帝京岁时纪胜》和一些明清方志中均有类似记载，可见流传已久，覆盖面也很大。

阅读链接

七夕节在我国有许多别称：

一是双七，由于七夕这天的月、日皆为七，故称，同时也称为"重七"。

二是香日，俗传七夕牛郎织女相会，织女要梳妆打扮、涂脂抹粉，以至满天飘香，故称。

三是星期，牛郎和织女二星所在的方位特别，一年才能一相遇，故称这一日为"星期"。

四是巧夕，因七夕有乞巧的风俗，故称。

五是女节，七夕节以少女拜仙及乞巧、赛巧等为主要节俗活动，故称女节，亦称"女儿节""少女节"。

六是兰夜，农历七月古时候称为"兰月"，故七夕又称"兰夜"。

七是小儿节，因为乞巧、乞文等俗多由少女、童子为之，故称之。

八是穿针节，因为这天有穿针的习俗，故称。

演绎形成经典曲目《天河配》

在牛郎和织女故事的基础上,后来,人们编演了曲目《天河配》。旧时,每逢七夕的时候,各个戏班都会争先上演这部经典的曲目《天河配》,成为人们生活中最大的亮点。

■ 天河配图

牛郎织女初见图

据说,《天河配》编演于清代,有一次,戏班在上演这部曲目的时候,精心在剧中设计了摆七巧图、莲池出浴、鹊桥相会等布景。在最后一场,从鹊桥下还飞出成百只鸟雀,一时传为美谈。

《天河配》在故事情节上也发生了相应的改变。剧中说,牛郎只有一头老牛、一张犁,他每天天刚亮就下地耕田,回家后还要自己做饭洗衣,日子过得十分辛苦。

谁料有一天,奇迹竟然发生在了牛郎身上!有一天,牛郎干完活回到家,一进家门,细心的牛郎就看见屋子里被打扫得干干净净,自己换下的脏衣服也被洗得清清爽爽,整齐地放在一边,桌子上还摆放着热腾腾、香喷喷的饭菜。

牛郎看到这一切,吃惊得瞪大了眼睛,心想,这是怎么回事?难道是神仙下凡了吗?可是肚子

戏班 旧称戏曲剧团,也叫"戏班子",是指以表演戏剧为目的组成的团体。元代以前的民间戏班,通常多是家庭性质的,即以血缘关系为纽带而进行组合。最基本的伴奏乐器只是鼓、笛、拍板三类。

■ 王母划天河一年一会图

咕咕的叫声将他拉回了现实,牛郎一横心,不管三七二十一,先吃饭吧!

此后,一连好几天,每天都是如此,牛郎耐不住性子了,他一定要弄个水落石出。这天,牛郎像往常一样,一大早就出了家门,其实,牛郎没走出几步就悄悄转身回来了,但是牛郎并没有进自己的家门,而是找了个隐蔽的地方躲了起来,偷偷地观察着。

果然,没过多久,就来了一位美若天仙的姑娘,一进门就忙着收拾屋子、做饭,甭提多勤劳了!牛郎实在忍不住了,就站了出来问道:"姑娘,请问你为什么要来帮我做家务呢?"

那姑娘闻声吃了一惊,脸刷地一下红起来了,小声地说道:"我叫织女,看你日子过得如此辛苦,就来帮帮你。"

牛郎听得心花怒放,赶忙接着说:"那你就留下

男耕女织 指我国古代社会家庭的一种自然分工方式。封建社会中的小农经济,一家一户经营,男的种田,女的织布。指全家分工劳动。明代赵弼的《青城隐者记》中记载:"女织男耕,桑麻满圃。"

来吧，我们同甘共苦，一起用双手建设幸福的生活！"

织女红着脸点了点头，他们就此结为夫妻，男耕女织，生活得很美满。就这样过了几年，牛郎和织女恩恩爱爱，并生了一男一女两个孩子，一家人过得开心极了。

一天，突然间天空乌云密布，狂风大作，雷电交加，转瞬间织女就不见了，两个孩子找不到妈妈，哭个不停，牛郎也是急得不知如何是好。

正着急时，乌云又突然全散了，天气又变得风和日丽，织女也回到了家中，但是她的脸上却布满了愁云。只见她轻轻地拉住牛郎，又把两个孩子揽入怀中，欲语泪先流，很久很久，织女才哽咽着对牛郎说道："其实我不是凡人，而是王母娘娘的外孙女，现在，天宫来人要把我接回去了，你们自己多多保重！"说罢，眼泪再次控制不住地掉下来，转头腾云而去。

牛郎搂着两个年幼的孩子，欲哭无泪，呆呆地站了半天。不行，我不能让妻子就这样离我而去，我不能让孩子就这样失去母亲，我要

牛郎织女相会图

天宫 根据典籍记载天宫横纵以天罡、地煞之数排列天宫，宝殿主要建筑共计108座左右。其中天宫有遣云宫、毗沙宫、五明宫、兜率宫、妙岩宫、太阳宫、广寒宫、琼花宫、紫霄宫、玉清宫等36座。宝殿有朝会殿、凌虚殿、宝光殿、通明殿、天王殿、披香殿、灵官殿、凌霄殿等72所。

去找她，我一定要把织女找回来！

这时，那头老牛突然开口了："别难过！你把我杀了，然后把我的皮给剥下来，披在身上，再编两个箩筐装着两个孩子，你就可以上天宫去找织女了。"

牛郎说什么也不愿意这样对待这个陪伴了自己数十年的伙伴，但拗不过它，又没有别的办法，只得忍着痛、含着泪照它的话去做了。

到了天宫，王母娘娘不愿认牛郎这个人间的外孙女婿，更不允许织女出来见他，而是找来七个蒙着面、高矮胖瘦一模一样的女子，对牛郎说："你认吧，认对了就让你们见面。"

牛郎一看就傻了眼，可是怀中的两个孩子却欢蹦乱跳地奔向自己的妈妈，原来，母子之间的血亲是什么也无法阻隔的！

■《天河配》图

王母娘娘见此情景，没办法了，但她还是不甘心织女再回到人间，于是就下令把织女带走。牛郎急了，牵着两个孩子赶紧追上去。

他们跑啊跑，累了也不肯停歇，跌倒了再爬起来，眼看着就快追上了，王母娘娘情急之下拔出头上的金簪一划，在他们中间划出了一道宽宽的银河。

从此，牛郎和织女只能站在银河的两端，遥遥相望。而到了每年农历的七月初七这天，会有成千上万的喜鹊飞来，在银河上架起一座长长的鹊桥，让牛郎织女一家再次团聚。

■ 牛郎和金牛星图

《天河配》这个剧本，本来是没有定本的，各个戏班可以根据自身的条件加以发挥创造。有的戏班在戏中有灵霄宝殿的壮丽场面，吵架分家的喜剧风格，织女下凡的繁重唱段，喜鹊搭桥翻扑跟头的技巧。

有的还在欢庆牛郎织女拜堂成亲一场戏中，加入戏中串戏杂耍的表演。在摆七巧灯中，众多仙童执莲花灯依次摆出"天下太平"的字样。

有的还在剧情中加上牛郎的哥哥遭受火灾，到牛郎处借贷求助，嫂嫂悔过认错，牛郎和织女慷慨相助

拜堂 也称为"拜天地"，是古代婚礼仪式之一，我国婚礼仪式。又称拜高堂、拜花堂。旧时举行婚礼时，新郎新娘参拜天地后，复拜祖先及男方父母、尊长的仪式。也有将拜天地、拜祖先及父母和夫妻对拜都统称为拜堂。

《天河配》插图

的情节，非常具有人情味。剧情发展，大喜大悲，曲折动人，是一出非常优秀的神话戏。

《天河配》这个在我国民间流传很广的神话故事，几千年来，一直盛传不衰。因为它集中表达了人们的愿望。任何力量，哪怕是象征天庭权威的王母娘娘，企图硬将牛郎与织女隔开也是徒劳的。

人们那样热烈地切望着鹊雀搭成的天桥可以把银河沟通，永远不再有隔河相望的哀愁与怅惘。自然，人为的隔水相望，又怎么能长久呢？

阅读链接

在我国众多的《天河配》中，其中最被人们广为流传的就是秦腔曲目《天河配》。

这部《天河配》的主要内容是，相传在上古年间，玉帝将自己的女儿织女视为掌上明珠，无论是什么事情都宠着这个女儿，织女在天上生活了好多年，开始对天规戒律产生了厌倦之情，非常想逃离这个束缚。

后来有一天，织女终于按捺不住心中的期许，舍弃天宫富贵荣华，私越天界，来到人间，并与憨厚诚实的放牛郎演绎了一曲坚贞不渝、情意缠绵的爱情故事，被人们传为佳话，千古流传。

别致浪漫 七夕风俗

牛郎和织女的故事在民间流传了千百年，并衍生出许多民间习俗，令节日显得越发丰富多彩，文化内涵也更加充实和浓厚。

七夕最具代表性的风俗就是祈求织女星，希望自己也跟织女一样有着灵巧的双手，把布织得更好。此风俗名为"乞巧"。

七夕节也有吃巧食的风俗。巧食的内容有瓜果和各式各样的面点，各地习俗不一。其中多以饺子、面条、油果子、馄饨等为七夕节的食物。也有的地方吃云面，此面得用露水制成，据说吃它能获得巧意。

除此之外，七夕还有种生求子、拜七娘妈、晒书、供奉磨喝乐、张挂鹊桥图以及兰夜斗巧等别致浪漫的习俗。

乞巧形式的多变发展和衍化

随着牛郎和织女的神话在人间的传播，这个故事变得深入人心，家喻户晓，而牛郎和织女也广泛受到人们的同情和尊敬。

织女心灵手巧，原本就是一个奇能百巧的女子，当她还在人间的时候，就经常把超群的织锦绣花技术传授给大家。

所以，每年到农历七月初七的时候，我国许多地方的妇女就会在这一天举行别致的活动。少女少妇们趁着织女和牛郎相会团圆和心情愉快的时候，就祭祀她，并向她乞求灵巧，请求织女可以帮助她们提高女红技艺。因此，人们又把农历七月初七称为

纺织蜡像

■ 清代丁观鹏《乞巧图》局部

"女儿节""姑娘节"或"乞巧节"。

时间久了,祈求织女星就成了七夕节最具代表性的风俗,人们通过祈求,希望自己也能跟织女一样有着灵巧的双手,把布织得更好。

古代人们对"乞巧"这一活动很重视,节前要张灯结彩,搭乞巧楼,陈设瓜果,妇女儿童,皆着新衣。这种乞巧习俗,在汉代已初见端倪。东晋葛洪的《西京杂记》曾记载有:

> 汉彩女常以七月七日穿七孔针于开襟楼,人俱习之。

这便是我们在古代文献中所见到的最早的关于乞巧的记载。

到魏晋南北朝时,乞巧习俗已极为普遍。那时,

祭祀 华夏礼典的一部分,是儒教礼仪中重要部分,礼有五经,莫重于祭,是以事神致福。祭祀对象分为三类:天神、地祇、人鬼。天神称祀,地祇称祭,宗庙称享。祭祀则记载儒教《周礼》《礼记》与《礼记正义》《大学衍义补》等书解释。清明节、端午节、重阳节是祭祖日。

■ 小女孩刺绣图

有一种一端有七个针孔的特制"七巧针",妇女们用彩线来回穿过它的针孔,谁穿得快就表明谁心灵手巧,也就是乞到"巧"了。

还有一种说法,是说在七夕的晚上,女子们手里拿着丝线,对着月光穿针,看谁先穿过就是"得巧"了。

早先的月下穿针,尚有穿五孔针、七孔针、九孔针的传说,可以说充满了竞技的意味。古人将女人才艺与游戏化的竞赛结合在一起,因此而得巧,可谓实至名归。

在施肩吾的《幼女词》中,描述的则是6岁的小女儿过七夕节的情景:

幼女才六岁,未知巧与拙。
向夜在堂前,学人拜新月。

此诗勾画出小女孩天真烂漫,妙趣横生,也描绘出普通大众过七夕的情景。过七夕节,乞巧是最重要的一环,林杰就有一首《乞巧》诗:

七夕今宵看碧霄,牵牛织女渡河桥。
家家乞巧望秋月,穿尽红丝几万条。

施肩吾(780年~861年),字希圣,自号栖真子,洪州人,唐代诗人、道士。历宪宗、穆宗、敬宗、文宗诸朝。习《礼记》,有诗名。趣尚烟霞,慕神仙轻举之学。诗人张籍称他为"烟霞客"。著有《西山集》10卷、《闲居诗》百余首。《全唐文》收有《养生辨疑诀》等。其养生之说亦见于《道枢》。

写出了家家乞巧望月的动人场景。后来，天子唐玄宗也非常重视七夕，七夕节乞巧的活动也在这个时候开始盛行起来。他在宫中建造了一座乞巧楼，楼高百尺，可容纳数十人。又在楼上陈设各色瓜果祭祀牛郎、织女。

宫中的妃嫔们则各以九孔针、五色线，在月下穿针，先穿过者为得巧。同时还有音乐演奏，欢乐达旦，引得大家争相效仿。

此外，唐代诗人王建在他的《宫词》之九二中也曾经写道：

每年宫女穿针夜，勅赐诸亲乞巧楼。

崔颢的《七夕》诗也说：

长安城中月如练，家家此夜持针线。

王建（约767年~约830年），唐朝诗人。一生沉沦下僚，生活贫困，因而有机会接触社会现实，了解人民疾苦，写出大量优秀的乐府诗。他的乐府诗和张籍齐名，世称"张王乐府"，著有《王司马集》。其诗反应田家、水夫、海人、蚕农、织妇等各方面劳动者的悲惨生活，题材广泛，生活气息浓厚，思想深刻，爱憎分明。

■ 乞巧手工珠鞋

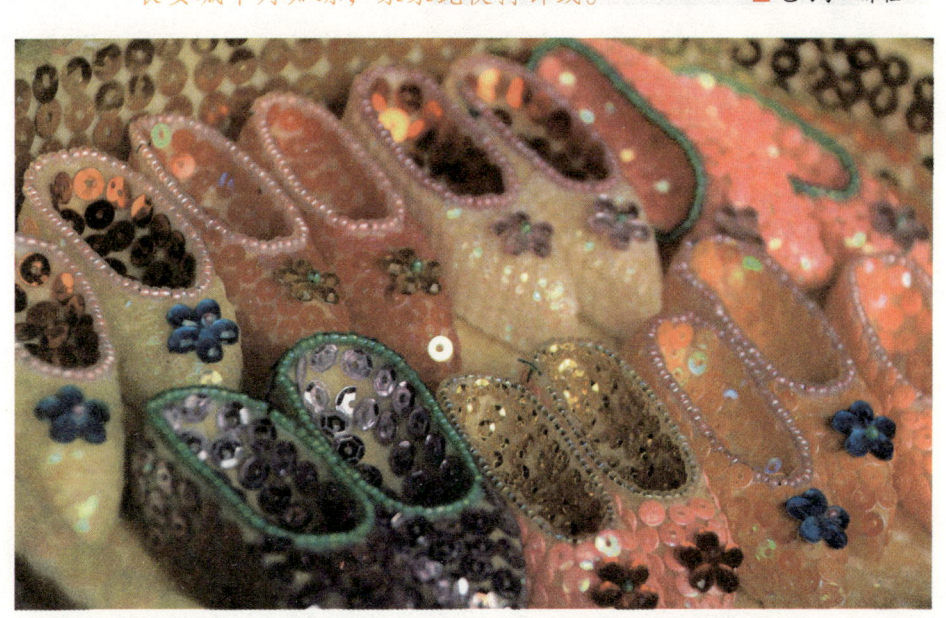

形象地描述了唐代长安七夕节穿针乞巧的风俗。

旧时,山东各地都以七夕为节,举行多种多样的乞巧活动。单县的农历七月初七之夜,乞巧活动十分热闹。穿着新衣的少女,三五成群地聚在庭院中,摆上香案,陈列各种瓜果和化妆品,一起祭拜七姐姐,边拜边唱:

■ 仕女乞巧蜡像

天皇皇,地皇皇,俺请七姐姐下天堂。不图你的针,不图你的线,光学你的七十二样好手段。

然后,每人从老太太手中接过一根针、七根线,借着香头的微光穿针引线。谁穿上线,谁就算乞得巧了,穿得最快者最巧。

针对七夕乞巧的习俗,五代后唐人杨璞在他的《七夕》一诗中写道:

未会牵牛意若何,须邀织女弄金梭。
年年乞与人间巧,不道人间巧已多。

唐人权德舆《七夕》诗写道:

杨璞 善歌诗,士大夫多传诵。与毕士安尤相善,每乘牛往来郭店,自称东里遗民。尝杖策入嵩山穷绝处,构思为歌诗,凡数年得百余篇。璞既被召,还作《归耕赋》以见志。真宗朝诸陵,道出郑州,遣使以茶帛赐之。

> 今日云骈渡鹊桥,应非脉脉与迢迢。
> 家人竞喜开妆镜,月下穿针拜九霄。

穿针乞巧之习,古而有之,且让人乐此不疲。

喜蛛应巧也是较早的一种乞巧方式,其俗稍晚于穿针乞巧,大致起源于南北朝之时。

南朝梁宗懔在《荆楚岁时记》中记载,在七夕的夜晚,妇女们用彩线穿七孔针,并且摆设香案,桌上放置一些瓜果,向织女乞巧。如果夜里有小蜘蛛在瓜果上结网,那就说明得到了织女的青睐,将来能够心灵手巧。

在汉朝,妇女把一种小型蜘蛛,古代称果子,放在一个盒子中,以其织网疏密为巧拙之征。到唐朝时,人们还将蜘蛛放在瓜上。

后来,在《开元天宝遗事》中还记载了一件事,唐玄宗与妃子于是日良宵,在华清宫歌舞会宴。宴后让宫女们各捉一只蜘蛛,放在首饰盒中,看第二天是否结网,以结网疏密、网形周正与否来确定是否

古人乞巧图

■ 乞巧节手工米花

《开元天宝遗事》共2卷，146条，五代时期王仁裕撰。该书根据社会传闻，分别记述唐朝开元、天宝年间的逸闻遗事，内容以记述奇异物品，传说事迹为主。其中记唐代宫中七夕、寒食等节日习俗以及豪奢、传书燕等事有一定的社会史料价值。

得巧。如果蛛网结得周密，就算乞的巧多。

而到了宋元时期，则视水中针影论拙巧，细长则巧，散则拙。由此可见，历代验巧之法不同。南北朝视网之有无、唐视网之稀密，宋视网之圆正，而后世多遵照唐代的这种习俗。

有些地方乞巧节的活动，带有竞赛的性质，类似古代斗巧的风俗。如穿针引线、蒸巧馍馍、烙巧果子等。有些地方有做巧芽汤的习俗，一般在七月初一将谷物浸泡水中发芽，七夕这天，剪芽做汤。一些地方的儿童特别重视吃巧芽，以及用面塑、剪纸、彩绣等形式做成的装饰品等，这就是斗巧风俗的演变。

斗巧起源于汉朝宫廷的游戏。汉高祖的爱妃戚夫人的宫女贾佩兰，在离开宫中嫁给扶风人段儒为妻后，经常跟人们谈起在汉宫七夕的事。

贾佩兰说，汉宫在每年的七月初七，在百子池畔，奏于阗乐之后，就用五色彩缕互相绊结起来，叫作"相怜爱"。随后,宫中的宫娥、才女们,一起到闭襟楼学习穿针乞巧。

唐朝时的乞巧之风十分盛行,流传有许多关于乞巧的故事和传说。

唐肃宗时,有一女娥名叫郑采娘,在七夕夜陈瓜果香案向织女乞七巧。

织女问采娘乞求什么?

采娘答道:"乞巧"。

织女便送她一枚寸余长的金针,缀在纸上,并嘱三日不得告人,如此便可得巧,不久还可以变成男子。

两天后,采娘将此事告知母亲,母亲深感奇异,执意要看个究竟。结果金针不见了,只有一张有针迹的空纸。后来,采娘死后托生成了一个男孩。

这就是流传甚广的"金针度人"的故事,后人用来比喻传授某种秘法绝技。

乞巧风俗至宋代最盛,上至宫廷,下至庶民,无不争相供迎。宋人钱惟演有《戊申年七夕》诗:

欲闻天语犹嫌远,
更结三层乞巧楼。

> **汉高祖**(公元前256或257年~公元前195年),即刘邦,沛郡丰邑中阳里人,谥号"高皇帝"。汉朝开国皇帝,汉民族和汉文化伟大的开拓者之一,我国历史上杰出的政治家,卓越的战略家和指挥家。他对汉族的发展,以及我国的统一和强大有突出贡献。

■ 唐代仕女穿针乞巧蜡像

《岁时杂记》中记载，宋代东京汴梁潘楼等处出现了民间乞巧市，并且专卖一些乞巧物，从七月初一起就热闹非凡，王公贵戚多搭建乞巧楼，庶民百姓则用竹木或麻秆编结乞巧棚。这些描述使我们可以想见当时的盛况。

民间的各种乞巧制品也充分体现了劳动人民的聪明才智和朴素的审美情趣。"仙楼"是剪五彩纸为层楼，"仙桥"是剪纸为桥，上有牛郎、织女及仙侍从。"花瓜"是在瓜上刻花纹。"种生"是以绿豆、小麦、小豆等在瓷器内用水浸泡，长出数寸长的绿芽，用红蓝彩条束起。

宋元之际，七夕乞巧节相当的隆重，在京城中还设有专卖乞巧物品的市场，世人称为"乞巧市"。

古代有文献记载购买乞巧物的盛况，由此可知当时七夕乞巧节的热闹景象。

人们从七月初一就开始置办乞巧物品，乞巧市上车水马龙、人流如潮。到了临近七夕的时日，乞巧市上简直成了人的海洋，车马难

唐代仕女乞巧蜡像

■ 七夕热闹场面图

行,观其风情,不亚于最盛大的传统节日春节,这也在侧面说明了乞巧节是古人较为喜欢的节日之一。

此后,人们对牛郎、织女的传说是进一步完善,并有了新的发展。最突出的一点是增加了男孩儿祀牛郎神的习俗。

每逢七夕,便设乞巧市,专卖乞巧物,自七月初一开始,连续数日。到七夕之夜,小儿则置笔墨纸砚于牵牛位前,书写"某乞聪明"。小女孩则将针线箱放于织女位前,俗称"某乞巧"。

北宋诗人梅尧臣诗中写道:

古来传织女,七夕渡明河。
巧意世争乞,神光谁见过。
隔年期已拙,旧俗验方讹。
五色金盘果,蜘蛛浪作窠。

钱惟演(977年~1034年),字希圣,临安人。北宋大臣,西昆体骨干诗人。吴越忠懿王钱俶第十四子,后归顺于宋,历右神武将军、太仆少卿、命直秘阁,预修《册府元龟》,累迁工部尚书,拜枢密使,官终崇信军节度使,博学能文,所著今存《家王故事》《金坡遗事》。

燕文贵（967年~1044年），北宋画家。文贵一作贵，又名燕文季，吴兴人。他擅画山水、屋木、人物。宋太宗时至汴梁于街头卖画，被画院待诏高益发现并举荐，后进翰林图画院。他作画自出机杼，落笔命意不袭古人，刻画精微，笔法峭丽，人称"燕家景致"。存世作品有《江山楼观图》《溪山楼观图》等。

北宋著名画家燕文贵曾画《七夕夜市图》，此长卷正是描绘汴梁城繁华的街道潘楼一带七夕夜市的热闹场面。可惜同大多著名宋画一样，该画作没有流传下来。

如果流传下来，其繁盛程度无疑超过《清明上河图》，因为潘楼七夕夜市位于汴梁中心繁华地带，而《清明上河图》画的是汴梁的城郊一带，不是城市中心，远不能形容宋朝首都的繁盛。

李朴《乞巧》诗写道："处处香筵拂绮罗，为传神女渡天河。"孔仲平《七夕》诗写道："高列瓜华结彩楼，半空灯烛照清秋。"

王禹偁《七夕》诗写道：

归来备乞巧，酒肴间瓜果。
海物杂时味，罗列繁且伙。
家人乐熙熙，儿戏舞娑娑。

■ 古代街市图

从这些诗作的描述中，足以看出北宋时，人们对七夕节的重视与当时的热闹程度。

宋代妇女拜织女乞巧，是因为羡慕织女的本领，但宋代人却不羡慕织女的爱情，所以很少有人对织女乞求爱情。

更多的宋人对牵牛织女每年七月初七这一天夜里才相会一次表达了不满。许多宋人认为，织女的爱情太过于惆怅、哀怨、悲伤、凄凉，对织女的"聚少离多"的爱情充满了不平与同情。

晏几道《鹧鸪天·七夕》词写道：

■ 李清照画像

当日佳期鹊误传，至今犹作断肠仙。
桥成汉渚星波外，人在鸾歌凤舞前。
欢尽夜，别经年，别多欢少奈何天。
情知此会无长计，咫尺凉蟾亦未圆。

李清照《行香子·七夕》词写道：

星桥鹊驾，经年才见，想离情、别恨难穷。
牵牛织女，莫是离中。
甚霎儿晴，霎儿雨，霎儿风。

李清照 （1084年~约1151年），号易安居士，汉族，山东章丘人。我国宋代女词人，婉约词派代表，有"千古第一才女"之称。所作词，前期多写其悠闲生活，后期多悲叹身世，情调感伤。形式上善用白描手法，自辟途径，语言清丽。代表作有《声声慢》《如梦令》等。

宋人更多有关七夕的诗歌，都是认为织女的爱情是哀怨的，"别多欢少""别恨难穷"，是宋人对织女爱情的普遍评价。

有些宋人认为，人间的巧妇赛过天上的织女。赵长卿《菩萨蛮·七夕》词写道：

> 绮楼小小穿针女，
> 秋光点点蛛丝雨。
> 今夕是何宵，
> 龙车乌鹊桥。
> 经年谋一笑，
> 岂解令人巧。
> 不用问如何，
> 人间巧更多。

宋代人认为，人间心灵手巧的妇女比天上多。宋人的七夕节是欢庆快乐的女儿乞巧节，不是纪念哀怨相逢的爱情节。

明清时期，七夕作为最重要的民间节日之一，可谓精彩纷呈。清代七夕的主要活动是家家陈列瓜果等食品并焚香于庭，用以祭祀牛郎、织女二星乞巧。据《清嘉录》记载，百姓用巧果或无花果：

菩萨蛮 唐教坊曲，后用为词牌。亦作《菩萨鬘》，又名《子夜歌》《重叠金》等。唐宣宗大中年间，女蛮国派遣使者进贡，她们身上披挂着珠宝，头上戴着金冠，梳着高高的发髻，号称菩萨蛮队，当时教坊就因此制成《菩萨蛮曲》，于是后来《菩萨蛮》成了词牌名。双调44字，前后阕均两仄韵转两平韵。

■ 仕女乞巧图

陈香烛于庭，或露台之上，礼拜双星，以乞巧。

投针验巧是七夕穿针乞巧风俗的变体，源于穿针，但又不同于穿针，是明清两代盛行的七夕节习俗。《宛署杂记》记载：

女子七月七日以碗水暴日下，各自投小针浮之水面，徐视水底日影。或散如花，动如云，细如线，粗粗如锥，因以卜女之巧。

在农历七月初七的上午，女子们将一碗水晒在太阳下，过一会儿，水面便会产生一层薄膜。这时，把平日缝制衣服或绣花的针投入水中，针便会浮在上面。

向水中投针也是验巧的一道小关，因为并不是每次投针都会悬浮的，有时女子需要连投很多次。所以，那些投针一次成功的女子才会得到灵巧的称赞。

然后，就是验巧的关键时刻了，就是"看巧影"。如果看到水底的针影是细直的，或者成云物、花朵、鸟兽的影子

《清嘉录》 清代苏州文士顾禄的著作，此书以12月为序，记述苏州及附近地区的节令习俗，大量引证古今地志、诗文、经史，并逐条考订，文笔优美，叙事详实，有保存乡邦文献的作用，是研究明清时代苏州地方史、社会史的重要资料。

■ 乞巧节仕女刺绣图

■ 女子纺织乞巧图

的，便是"乞得巧"，表明这个女子是灵巧的。

但是，如果看到水底针的影像是槌子般粗直或弯曲不成形，则表明投针的女子"乞得拙"，这是织女给一石杵，大伤女儿心，使其或叹息，或哭泣。

东北满族的乞巧又是别具民族特点的。当地人不用钢针，而用本地盛产的松针代之，称为"掷花针"，放在水碗中观看针影。从民间到宫廷，都曾有过"掷花针"乞巧的方法。

《直隶志书》记载道：

> 七月初七，妇女乞巧，投针于水，借日影以验工拙，至夜仍乞巧于织女。

志书 以地区为主，综合记录该地自然和社会方面有关历史与现状的著作，又称地志或地方志。分为综合全国情况的总志和一统志。地区性方志，如省志、州志、县志、厅志、乡土志等和专志，指山水禅林、寺庙、书院、游览胜迹、人物、风土方面的志书。

也就是说验巧之后，仍需乞巧。

民间普遍的做法是，在月下设一香案，供上水果、鲜花，虔诚地向织女祈愿。

据载，蔡州有位丁姓女子，擅长女红。有一年七夕，她在乞巧时，于朦胧中见到一颗流星划落，掉在了她的香案上。第二天早上一看，原来是只金梭。从此以后，她"巧思益进"。

有些妇女，采集各种鲜花，放在盛有水的铜盆里，露置院中，第二天取来搽面，据说可使皮肤娇嫩白净。有些妇女还捣凤仙花，取出汁，染无名指和小指的指甲，称红指甲。

有些妇女还唱《乞巧歌》：

> 乞手巧，乞容貌，乞心通，乞颜容，乞我爹娘千百岁，乞我姐妹千万年。

采花搽面图

此外，民间还有窃听哭声之说。据说童女在夜深人静之时，悄悄地走到古井旁，或是葡萄架下，屏息静听，隐隐之中如果能听到牛郎、织女对话或是哭泣的声音，此女必能得巧。

当然，这些都只是民间的传说而已，不过却是人们对美好生活的一种向往和追求。

为了乞巧，有些女子会在酱缸台上摆放井华水，即早晨担的第一

刺绣乞巧塑像

桶井水,在盘子里装上灰抹平,放在那上面,祈求自己有灵巧的针线活的手艺。第二天如果在灰上有什么痕迹,就代表是灵验了。

这种风俗是因为把织女当成在天上管针线活的神,随着在汉代盛行的乞巧风俗而起源的。这种风俗到了唐代,还传播给了周边的民族,并流传了下来,反映了古代妇女的勤劳与智慧,和向往美好生活的祈求。

七夕是个有关爱情的浪漫节日,它的习俗也的确促成了许多美满的姻缘。扬州一个卖豆腐的小伙子,就借着投针验巧的吉祥,娶得了如意娇妻。

据说,七夕这一天扬州某个盐商家还因"丢巧针"而结成了一桩姻缘。

那日正值七夕的中午,小伙子前往一盐商家送豆腐,刚进门就看见一群姑娘在玩"丢巧针"的游戏。有一个眉目秀丽的灶婢一次投针成功,并验得了巧影,被同伴们围着称赞和玩闹。

灶婢感到有点不好意思,想制止人们过多的赞美,刚好一位卖豆腐的小伙子出现了。

"不跟你们玩了,有人送豆腐来了。"灶婢说着,趁机突出重围，一只手羞答答地搭在豆腐郎前面的担子上，直奔厨房。

她的这一举动又引来了一阵嬉笑："像不像一对小夫妻啊？"众姑娘起哄。

这时，大小姐也因气氛所染，开起了玩笑："这么急吼吼的做啥？人家牛郎和织女一年一见也没有这么亲近呢！"

东家老爷正巧看到了这一幕的前前后后，心想到这丫环进门已有十多年了，早已过了谈嫁论娶的年纪。他索性做个顺水人情，征得两个人的同意之后，将灶婢嫁给了豆腐郎，据说，两个人之后的日子过得红红火火，恩恩爱爱，好生让人羡慕。

"巧娘娘迎巧"是七夕乞巧方式中较为隆重的一种，必须在七夕前的一个月，即六月初六开始准备。

姑娘们将许多豌豆浸泡在水碗中，置放于阴凉处，细心周到地照顾，让豌豆苗壮成长。当豌豆幼芽长到两三寸高的时候，就用五彩线拦腰束起来，使幼苗成束地往上生长。当这些幼苗长到七寸高时，一般都要扎三五道彩丝。这束豌豆芽称为"乞巧芽"。

■ 七夕乞巧图

纺织妇女塑像

农历七月初七黄昏，姑娘们共同推举一位心灵手巧、面貌出众的姑娘为代表，折来柔软的柳枝，绑扎成一个人形，以木勺为头，画上脸谱，上衣下裙，艳服盛装，把她供在场心或柳荫下，作为乞巧时的神主。这就是"巧娘娘"。

夜幕降临，姑娘们在巧娘娘前设案供奉，陈列鲜花，水果，面制的刀、尺、剪等，请巧娘娘享用。她们还把自己平时绣的枕巾、鞋垫、针葫芦、针线包也供于案上，请巧娘娘欣赏评判。

然后就是迎巧。先为巧娘娘点香，接着姑娘们个个手捧饭碗，向神灵齐唱乞巧歌，边唱边撞击两碗。碗声配歌声，叮当清脆，优美动听。当香烧尽时，迎巧也告一段落。

接着是赛巧，唱完乞巧歌后，姑娘们纷纷离开座位，个个都微闭双目，不言不语地模拟切菜、擀面、纺线、织布、绣花等动作，你来我往，穿梭似的忙碌起来。

其中的穿针最为有趣，姑娘们环跪在巧娘娘周围，把手伸到巧娘娘的裙内，不用眼看，全凭感觉进行穿针，最后把穿好的针线拿出来，让围观者过目，以显示姑娘们心灵手巧。

然后是占影测巧。当月儿凌空，银辉洒地，夜静人稀时，姑娘们在巧娘娘像前放一盆水，依次把"乞巧芽"掐寸许投入水中，看盆底上的影子。

影子如果像纺车、织布机、花朵则象征姑娘是纺织刺绣能手，如果像菜刀、水瓢、锅碗，则象征姑娘善于烹调，如果影子像凤冠、霞帔，则象征姑娘能出人头地，大富大贵，前途似锦。

最后，姑娘们手挽成"花花轿"，两人相抬，其他人相随，把巧娘娘送往水潭边，意喻着过天河会见牛郎。可以看出，在此风俗中，巧娘娘是织女的化身。

七夕的活动中还有一种叫"看巧云"。据说，这一天天上的云彩会幻化出各种奇特的形状，有的像仙山楼阁，有的像狮熊虎豹，有的像仙童玉女。

少女们仰望观赏，随意指点，驰骋想象，以自己能看到的巧云形状占卜命运。其实，这本是天空自然现象的常景，但在七

纺车 采用纤维材料如毛、棉、麻、丝等生产线或纱的设备。纺车通常有一个用手或脚驱动的轮子和一个纱锭。最早见于西汉扬雄的《方言》，记有"维车"和"道轨"。兽锭纺车最早图像见于山东临沂银雀、山西汉帛画和汉画像石。南宋后期出现的水转大纺车，是当时世界上先进的纺织机械。

■ 古代七夕乞巧图

《宋人纺织图卷》

夕这天看来却别有意义。

但是,是否通过乞巧就能够使人变得心灵手巧呢?答案当然是不会。"巧"是乞不来的,俗话说"三天不动手生,三天不念口生""手熟为妙""曲熟韵自来",这里贯穿这"生熟"两字。世上只有"熟能生巧""一回生,二回熟,三回巧","巧"是从熟中来的。

从七夕节的产生、形成和发展来看,其文化内涵既是对传统的男耕女织生产模式的神化和赞颂,也是劳动人民对男女爱情坚贞信念的祈祷和向往。特别是通过乞巧这种含蓄的表达方式,充分再现了一种特定意义上的精神寄托。

阅读链接

有一首朗朗上口的乞巧歌:

巧娘娘,乞巧来,梧桐树下花儿开。花儿开,树儿摆,我把巧娘迎下来。牵牛郎,写文章,笔墨纸砚都拿上。我给巧娘献西瓜,巧娘教我铰菊花。我给巧娘献梨瓜,巧娘教我铰梅花。我给巧娘献蜜桃,巧娘教我来绣描。我给巧娘献红枣,巧娘教我把衣铰。我给巧娘献辣子,巧娘教我铰袜子。

一碗茶,两碗茶,我跟巧娘洗白牙。一碗水,两碗水,我跟巧娘洗白腿。

一碗雪,两碗雪,我跟巧娘洗白脚。一叶瓦,两叶瓦,我跟巧娘打着耍。一块砖,两块砖,我把巧娘送上天。

种生求子和拜七娘妈习俗

相传在很久之前,有一位叫做郭毕的书生,寒窗苦读数十载,有一年,他踌躇满志地进京赶考。

在途中,郭毕遇到了一位美丽的姑娘,郭毕被姑娘的清丽万方和机巧伶俐所吸引,姑娘也为郭毕的才高智广、性情儒雅所折服,两人一见钟情。

就这样,过了一段日子之后,离科考的日子一步步逼近,郭毕心想再也不能这样耽搁下去了。

喜结良缘图

白绫 一种布料,就是白色的绫罗。绫是我国传统丝织物的一类。最早的绫表面呈现叠山形斜路,"望之如冰凌之理"而得名。绫有花素之分。传统花绫一般是斜纹组织为地,上面起单层的暗光织物。绫质地轻薄、柔软,主要用于书画装裱,也用于服装。

于是,在临别前,郭毕依依不舍地与姑娘话别,并许她一生,让她等着自己取得功名后回来风光迎娶。

可是,姑娘实在不能忍受这种分离之苦,她对郭毕说,自己并不在乎他是否高官得做骏马得骑,她要的,只是与他时刻厮守,哪怕一生都吃糠咽菜,她也不后悔。

得妻如此,夫复何求?郭毕欣慰之余,却仍然决定去进京赴考,不为对得起自己十年苦读,只为给得起姑娘荣华富贵的生活。

于是,郭毕义无反顾地启程了,就在他启程的这一天,一场大雨从天而降,连绵不绝,但是这也并没有阻止郭毕进京赶考的脚步,因为,若不赶快赶路,就会错过考试的时间。尽管雨水冰凉透骨,郭毕的心却是温暖的,因为里面装着恋人的身影。

■ 送子观音塑像

再说这位姑娘,从此之后就在家里幽幽等待。命运弄人,姑娘没有等到深爱的人微笑归来,却等到了令她心碎的噩耗,那就是郭毕在途中不幸身染重疾,于考场上吐血而逝。

姑娘听到这个噩耗之后哭得撕心裂肺,不欲独活。夜深人静之时,姑娘正想以三尺白绫结束生命,忽见烛光摇曳,隐隐有一端丽仙女立于床前,并对姑娘说姑娘已身怀有孕了。

这个消息令姑娘重新振作起来,同乡人帮她运回了郭毕的骨灰,她将其埋于自己床下,仿佛感到恋人就在自己的身边一样,轻轻拥抱着她,安慰着她。

十个月过去了,姑娘产下一子,相貌与郭毕一般英俊。

姑娘常于床头焚香祭拜,人们好奇,就问她这样做的原因,姑娘就说是在拜

送子天神壁画

送子天神

> **孙淑** 元代诗人傅若金之妻，她的父亲孙周卿，是个作曲家，所以以小令为多，散见于各家曲选中。《玉镜阳秋》评论她的诗时说："淑诗学字，是女郎语，冉弱静好，每一讽咏，想见妆铅点黛时气韵。"

床母，以保佑孩子平安长大。

于是人们纷纷效仿，久而久之，在农历七月初七"拜床母"的习俗就开始流传了。

拜床母的习俗在一些地方演变成了一种生育信仰，那就是在七夕种生求子的习俗。在七夕前几天，先在小木板上铺一层土，播下粟米的种子，让它生出绿油油的嫩苗。然后再摆一些制作的微型小茅屋、花木在上面，做成田舍人家小村落的模样，称为壳板。

有的人家将绿豆、小豆、小麦等浸于瓷碗中，等它长出一定高度的芽，再以红、蓝丝绳扎成一束，称为种生，又叫五生盆或生花盆。

元代诗人孙淑有诗道：

乞巧楼前雨乍晴，弯弯新月伴双星。
邻家小女都相学，斗取金盆看五生。

南方各地又称为泡巧，将长出的豆芽称为巧芽，甚至以巧芽取代针，抛在水面乞巧。

■ 绘有七夕故事的古代瓷碗

农历七月也正值荷花盛开之际，有人便动脑筋，折下未开的荷花，做成假的双头莲，造型可爱，颇受时人欢迎。这许多应节植物制作成的各色花样，充分显现了一个盛夏节日的活泼朝气。

在北宋汴京城，到了七夕前几天，市面上还会推出各式应节的特殊产品。其中，有用蜡塑造各种形象的，如牛郎、织女故事中的人物或秃鹰、鸳鸯等动物之形，放在水上浮游，称之为水上浮。又有蜡制的婴儿玩偶，让妇女买回家浮于水上，以为宜子之祥，称为化生。

■ 清代牛郎织女纹雕红盘

还有种说法是，蜡制的婴儿玩具就是磨喝乐，磨喝乐在早先传入我国时，即是专门供妇女求子的祭品。对于这一说法，宋朝诗人杨万里的在诗作中也有描述：

> 跳蹒儿孙忽满庭，折荷骑竹臂春莺。
> 巧楼后夜邀牛女，留钥今朝送化生。
> 节物催人教老去，壶觞拜赐喜先倾。
> 醉眠管得银河鹊，天上归来打六更。

这些习俗，充分显示出宋人当时已真正懂得生活

农历 又称夏历、阴历、旧历、汉历、老历，是我国传统历法之一。农历属于一种阴阳历，平均历月等于一个朔望月，但设置闰月以使平均历年为一个回归年，设置二十四节气以反映季节的变化特征，所以又有阳历的成分。

的乐趣，还寄托了人们的美好愿望。

而儿童会在七夕之日采摘野花挂在牛角上，又叫"贺牛生日"。因为传说西王母用天河把牛郎和织女分开后，老牛为了让牛郎能够跨越天河见到织女，就让牛郎把它的皮剥下来，驾着它的牛皮去见织女。人们为了纪念老牛的牺牲精神，便有了"为牛庆生"的习俗。

拜织女是少女、少妇们所要做的事。她们大都是预先和朋友或邻里们约好五六人，多至十来人，联合一起举办拜织女的仪式。

举行的仪式是，先在月光下摆一张桌子，桌子上置茶、酒、水果、五子，即桂圆、红枣、榛子、花生、瓜子等祭品。又有鲜花几朵，束红纸插在瓶子里，花前置一个小香炉。

约好参加拜织女的少妇、少女们，斋戒一天，沐浴后，准时都到主办的家里来。在案前焚香礼拜后，大家一起围坐在桌前，一面吃花生、瓜子，一面朝着织女星座，默念自己的心事。

如少女们希望长得漂亮或嫁个如意郎，少妇们则希望早生贵子等，都可以向织女星默祷。玩到半夜，大家才欢欢喜喜地各自散去。

■ 清代丁观鹏《乞巧图》

在七夕之夜，女孩之间还可以在这天结下"姐妹盟"，古时流传有凑齐七位姐妹在月下义结金兰的习俗。据说，在这天夜里结盟的姐妹友谊会地久天长。

当然，有时候由于各种条件的限制，想找七位志同道合的姐妹有些苛刻，但是只要两个人以上即可，主要是借个好日子，增进彼此的友情。

众所周知的织女，在宗教崇拜中，被尊为"七星娘娘"。而她和其他6位姊妹，即七位仙女会保佑人间未满16岁的小孩，顺利长大成人。

她们是儿童的守护神，民间对护佑孩童的七仙女多以"七娘妈"尊称。在泉州、台湾及华南沿海地区就有拜七娘妈的习俗。

每年农历七月初七是七娘妈的生时，在这一天的黄昏，家中有小孩的都要在门口祭拜七娘妈，祈求子女平安长大。

首先烧香请下神案上的香炉，再准备供品。软粿供品用糯米搓成，类似汤圆，在中心用手指压一个凹洞。因牛郎和织女一年才相会一次，难免会难过，有情的信众便将象征"一家团圆"的汤圆压个凹

洞来盛装他们的眼泪。鸡酒油饭即糯米饭、胡麻油、酒、鸡合煮而成的饭，还有水果等。

香花供品有圆仔花、鸡冠花、茉莉花、凤仙花等，一为多子，一是浓香，取子多、香火浓的意思。清水一盆，新毛巾一条，意即让七娘妈洗手洗脸，还有凸粉、胭脂、红纱线等。

此外，还需金纸、寿金、刈金、烛等，祭祀的仪式和一般祭祀相同。黄昏时在门前或庭院中祭拜，祭祀结束后，将部分花、粉、红纱线抛上屋顶，供七娘妈化妆使用，一部分则留给自己用，意思是可以变成像七娘妈一样，手巧又美丽。

拜过七娘妈后，还要另外准备一份鸡酒油饭、软粿，在床头拜谢"床母"，烧三炷香，感谢并祈求床母保护幼儿好睡、好喂。

祈求完毕，将香插在缝隙安全处，稍待片刻，手持"床母衣"拜供，床母察纳后，加以焚烧，就完成祭仪。

虽然此习俗具有一定的迷信色彩，却从一个方面反映了人们希望孩子健康平安的美好心愿。

阅读链接

据说，小孩在白天的时候，是受注生娘娘照顾的，到了夜晚，才是床母担任保护工作。孩童的胎记就是床母为了更好的辨识才作的。

另外，民间还传说小孩在睡觉的时候经常会面带微笑，或者是露出一种奇怪的表情，人们都说这是床母在教导小孩呢，所以遇到这种情况，不要吵醒孩子，以免打扰到孩子的学习。

人们在祭祀床母时，祭品须摆放在床铺的正中央，因为这样孩子才会睡得安稳。祭拜时不用筷子，在上香时祝祷说："日间好精神，夜间好觉睡。"

兰夜斗巧和拜月乞巧的盛会

唐高宗的嫔妃徐婕妤,不仅长相貌美,而且多才多艺,深受高宗的喜欢。每到七夕之时,徐婕妤就会用菱藕镂空雕刻出许多奇花异草,装于水晶盘中进献给皇上赏玩。

■ 清代丁观鹏《乞巧图》局部

女红 亦作"女工""女功",或称"女事",属于民间艺术的一环,多指女子所做的针线活方面的工作。我国女红是讲究天时、地利、材美与巧手的一项艺术,而这项女红技巧从过去到现在都是由母女、婆媳世代传袭而来,因此又可称为"母亲的艺术"。

这些雕刻物件十分美丽,又极其精巧,唐高宗看后都大加赞赏,赐给徐婕妤珍宝无数。不止如此,七夕节本就有乞巧的习俗,唐高宗便很自豪地将这些物件传阅给众人欣赏,以夸赞徐婕妤的心灵手巧。

到了黄昏,唐高宗亲自将徐婕妤雕刻的物件散放在宫里的桌上,让大家在夜里摸黑寻找,看谁找到的数量多、模样巧,就算谁赢。

因为在当时七夕也叫兰夜,人们就把这个宫廷游戏称作兰夜斗巧。

斗巧游戏在民间广为流传,但是并不是所有女子都能像徐婕妤那样精通雕刻,因此,人们发挥想象,创造出各式各样的斗巧方式。

眼疾手快的女子爱比赛穿针引线,看谁穿得又快又多。善于烹饪的女子爱做巧食,看谁做的花样新奇、美味漂亮,喜欢针线活儿的女子则爱比女红,拿出自己的作品让大家赏评。

■ 古代女子刺绣图

斗巧过后,输巧的女子都要送礼物给赢巧的女子,礼物虽远远不如唐高宗给徐婕妤的奖赏奢华,但是女子们都以赢得奖励为荣,喜笑开怀。

据传在唐代有一位渔家姑娘,心仪同村的一位打渔小伙儿,却因为害羞，所以每每见到他的时候，都故意找借口躲避。

七夕节这天，姑娘拿出一幅刺绣，绣的就是小伙儿打渔的场景，可是，这幅刺绣却在斗巧时输给了另一位姑娘，并当作奖品送给了她。

渔家姑娘一来由于输巧，二来又怕赢巧的姑娘从刺绣中看出自己的心事，因此一连几天都心事重重的。

没想到的是，几天后，媒人竟然来到了姑娘家中，为那位打渔小伙儿向她提亲，让这位姑娘是又惊又喜。原来那位赢巧的女子正是打渔小伙儿的姐姐，她看出了刺绣中的人极像自己的弟弟，便偷偷打探，得知渔家姑娘与自己的弟弟两情相悦，却又都羞于开口，以至于两个人都没有捅破这层窗户纸。

但是赢得的这幅刺绣却又偏偏透漏了姑娘的真情，又借着斗巧的风俗促成了两人姻缘，七夕不愧是我国最具浪漫色彩的节日。

月亮象征着团圆、浪漫，与七夕节的气氛甚为贴近，因此，在我国古代许多地区，还流传着拜月乞巧的风俗。

农历七月初七前夕，相互熟识的女子们找到一起，商议拜月的相关事情。她们选出一位女子作为

■ 刺绣的女子图

媒人 在我国的婚姻嫁娶中起着牵线搭桥的作用。女性媒人又称媒婆或大妗姐。古时的婚姻讲究明媒正娶，因此，若结婚不经媒人从中牵线，就会于礼不合，虽然有两情相悦的，也会假以媒人之口登门说媒，父母之命，媒妁之言，方才会行结婚大礼。

参加乞巧的女子图

带头人,拜月仪式就在她的家中举行。拜月的供品也由这名女子代为购买,所花钱财大家共同承担。

拜月前,女子们须先沐浴,然后换上美丽的新衣,花枝招展地到约好的女子家中聚集。她们步履轻盈,笑靥如花,为节日增添了一抹生动的色彩。

拜月仪式并不复杂。在庭院内摆放一张小桌,桌上放置香炉,然后将供品一一陈列。有时,姑娘们还细心地采来鲜花,插在供桌上。

香烟袅袅,花香淡淡,裙带飘飘,供品琳琅,女子们低语的声音呢喃轻柔,她们的心事与愿望似乎真的在这美好的氛围中飞上了夜空,传到了月亮那里。

祈祷过后,女子们又陈列出胭脂水粉,以送给织女使用。她们还在供桌上摆放自己的女红,请织女欣赏指点。然后,女子们就可以围绕供桌而坐,开心地吃瓜果、聊天了,她们一直玩到深夜才肯散去。

散去前,她们将供奉的胭脂分成两份,一份扔到屋顶,表示送给织女,一份自己留下,期待能获得与织女同样美丽的容貌。

阅读链接

到宋代的时候,出现了民间的乞巧市,专卖乞巧物。从七月初一起,连续数日,乞巧市就车水马龙,游人如织。

民间的乞巧制品充分体现了劳动人民的聪明才智和朴素的审美情趣。如剪五彩纸为"仙楼""仙桥",上有牛郎、织女及仙侍从。再如在瓜上刻花纹,称为"花瓜"。

精彩纷呈 特色习俗

　　由于地域文化的差异，同是欢度七夕节，在我国各个地区的节日活动内容也各不相同，呈现出丰富多彩的地方特色。

　　在北京，有祭祀牵牛星和织女星以及投巧针的习俗；在广东，有举办盛大"七娘会"的惯例；在广州，乞巧节则独具特色，当地的人们还要拜仙禾和拜神菜。

　　此外，还有结扎巧姑草人以及举行成人礼等特色风俗。甚至在我国独有的剪纸和刺绣中也有关于七夕精彩的演绎。

　　我国各地的七夕节习俗异彩纷呈，秉承着我国古老的对于爱情的向往和祝福，凝聚着中华民族的精神，被千古传承。

北京的祭双星和投巧针之俗

祭双星图

对于北京地区的七夕节，清代潘荣陛在《帝京岁时纪胜》有过这样的描述：

> 七夕前数日，种麦于小瓦器，为牵牛星之神。谓之"五生盆"。街市卖巧果，人家设宴，儿女对银河拜，咸为乞巧。

另外，北京还要摆设切成莲花形的西瓜、香瓜等，并于瓜果秧上扎彩线，十分美观。北京的竹枝词，即有"五生盆结彩层层"句，又投针求巧。

在清代皇宫中亦有祭祀双星、宫女投巧针的习俗，并且在颐和园的昆明池上打浮桥，隐喻天上鹊桥，供帝后观玩。此外，还有饮宴、演戏等。

每到农历的七月初一，各种七夕应节商品就开始上市了，主要有牛郎和织女年画、乞巧楼、乞巧针、乞巧果和祭星用的蜡烛、香，以及各种妇女用的粉、胭脂等化妆品。

应节物品中还有小孩的玩具"七巧板"，以七块不同的小木板为一套，出售时放盒中呈正方形。可是一拆开，可以拼成鸟、兽和人物的形状，颠倒反复，变化无穷，趣味盎然。

随盒还有拼合的示范图案，如果自己不会变化，照图拼装就可以了。心灵手巧者，可以比示范图案拼的多很多。七夕乞巧、拼七巧图都是有特色的项目，不光女孩玩，男孩也乐此不疲。

此外，北京各大道观从七月初一起，立坛祭祀北斗七星，名称"七星斗坛"。最热闹的要数西四的斗姥宫，道士要做七天七夜的法事。

■ 陈枚《月曼清游》之"丢巧针"

《帝京岁时纪胜》 清代北京岁时风土杂记。清潘荣陛编撰。潘荣陛以皇都品汇万方，岁时令节、风土景物、典仪之盛，皆宜记载，乃作此书，逐月记录一年四季各节令及其有关习俗、宗教活动、四时鲜果蔬菜食品等事，凡九十三条。"汇集为编，颜曰帝京岁时纪胜。"

香炉 即是焚香的器具。用陶瓷或金属做成种种形式。其用途亦有多种，或熏衣、或陈设、或敬神供佛。历代使用的香器包含博山炉、手炉、香斗、卧炉、香筒等不同形状的香炉，以及熏球、香插、香盘、香盒、香夹、香铲、香匙、香筒及香囊等香器，使用的质料主要包括铜、陶瓷、金银、竹木器、珐琅及玉石等。

■ 清代丁观鹏《乞巧图》局部

戏剧界也要演出应节戏，如昆曲《长生殿》以及各种梆子戏。梆子戏主要演《天河配》《鹊桥会》《牛郎和织女》等曲目。

据说有一年，天桥戏院演《天河配》，海报上写着"真牛上台"，成为一时的新闻。因为一般扮演老牛的，均是由演员披着牛皮道具当牛。正值七月份，天气太热，披着牛皮道具演员会很辛苦。

这一次真牛上台，人们觉得很新鲜，没想到这头牛在台上不尽如人意，弄得人们哄堂大笑，从此以后就没见真牛上台了。

有的寺庙还在七夕这天晒经书，这天如果下雨，就叫"相思雨"或"相思泪"。

传说古代庙会上的乞巧果子，可以捏塑出各种与七夕传说有关的花样，款式很多，主要原料是油、

面、糖、蜜。北京人把油条叫果子，就与七夕吃巧果有关，只不过花样少了许多。

七夕夜烧香，祭拜星星，是仪式的重要组成部分。一般人家祭拜星星十分简单，只不过摆个案子当香案，香炉里插上三炷香而已。

如果是有钱人家，还要摆些水果，钱少的人家顶多加上两根蜡烛。比较讲究的人家把供案设在庭院或花园，如果家中有葡萄架，最好是设在葡萄架旁。

供案上陈设有用西瓜雕刻的花瓜、蜜桃、闻香果等时令鲜品。在花瓶里插上鲜花，有的还将胭脂、粉摆上去，意为献给织女。

七夕正值夏秋之际，天上繁星闪耀，一道白茫茫的银河横贯南北，银河东西两岸，各有一颗闪亮的星星，隔河相望，遥遥相对，那就是牵牛星和织女星，老人们把它们叫"双星"。

七夕祭双星，此时是大人教小孩识别天上星星的好时机。七夕祭双星要向星星磕头，未成年的男孩在母亲的引导下也要磕头，不是向

祭双星图

双星，而是向北斗星，因为古代把七月七日又叫魁星节、祭星节。

祭拜双星者主要是女人，她们把织女当作自己的保护神，老年妇女是为了乞寿，一些已婚妇女则是为了乞子和夫爱、婆疼，更多的少女则是为了乞巧、乞美、乞求美好婚姻，每人都念念有词或在心中默念，十分虔诚。

祭完神后，姑娘们还要成群到葡萄架下或井边去"听天语"，据说在这个时候能听到牛郎和织女说悄悄话呢，还有的人甚至说在井边听到了织女的哭声。当然，这只是逸闻而已，不足为信。

有的人说，在七夕这天的白天是很少能够见到喜鹊的，是因为喜鹊都飞到天上搭鹊桥去了。也有的人说，在七月初八看喜鹊，你如果细心的话，就可以发现这个时候的喜鹊头上都是秃的，这是因为它们在搭桥时被牛郎和织女踩的。

还有的农村在这一天要杀公鸡，因为善良的人们害怕公鸡叫得早，从而影响了牛郎和织女的约会时间。这些显然寄托了善良人们的美好心愿。

其实，烧香跪拜星宿之举可以不必，但是七夕之夜教孩子识别星星是很有意义的。当孩子用肉眼凝神

慈禧（1835年~1908年），孝钦显皇后，叶赫那拉氏，镶蓝旗人。1861年，咸丰帝崩逝后，与孝贞显皇后两宫并尊，称"圣母皇太后"，又称"西太后"，上徽号曰"慈禧皇太后"。后联合恭亲王发动辛酉政变，诛除八大臣。同治帝即位后，首度垂帘听政。自光绪年间，宫中及朝廷开始以"老佛爷"尊称之。

观察星宿时，心灵与宇宙沟通，从而对大自然产生崇拜之感，这与通过其他方式观察天空的感觉是绝对不一样的。

清代以后，在农历七月初七这一天，老北京的一些婆婆、小姑和儿媳，可以不分老幼尊卑，同做投针占卜的游戏。

七夕在民间有乞巧活动，在宫廷也是最具娱乐情趣的日子。

慈禧不亲自投针乞巧，而是热心参与评论。有的宫女为讨太后喜欢，挑选针孔大的针放在水上，太阳光射过针孔投下一个小白点，就说这是织女保佑太后年老眼不花，能健康长寿。

这个习俗传到民间，就成了媳妇为婆婆、姑娘为妈妈乞寿求福的活动。

总之，通过这种娱乐活动，增进了姐妹之间的情谊，融洽了婆媳、姑嫂、妯娌之间的关系，表达了女儿们精心女工的心愿和对幸福生活的向往，激发了生活的热情。

阅读链接

清代末年，垂帘听政的慈禧太后十分重视七夕节乞巧验巧的习俗。每年农历七月初七，皇宫内都异常热闹欢快，嫔妃宫女们拥簇着慈禧太后，一面投针验巧，一面说些吉祥话。

投针验巧时，慈禧太后经常亲自观察水底的针影，看哪个宫女更巧，并赐予奖赏。慈禧太后年事已高，宫女们就夸赞太后所投的针影像寿桃，意味着长寿。

慈禧太后眼睛有些花，宫女们就特意找来针孔很大的针为太后验巧，这样，阳光穿过针孔，在水底投下了明亮的原点，宫女就借此发挥，说织女会眷顾着太后，让她眼睛明亮。

浙江地域特色浓郁的节庆习俗

古画《纺车图》

浙江一带的七夕活动可称丰富多彩，具有较强的地域特色。在浙江嘉兴塘汇乡古窦泾村，有七夕香桥会。每年七夕，人们都赶来参与，搭制香桥。

所谓香桥，是用各种粗长的裹头香，即以纸包着的线香搭成的长约四五米、宽约半米的桥梁，装上栏杆，于栏杆上扎上五色线制成的花装饰。桥正中还可堆放人们送来的檀香包、元宝锭，红绿相间，金碧辉煌，宛如

■ 清代陈枚《月曼清游》之文阁刺绣

一件件精美工艺品。

入夜，人们祭祀双星，祈求福祥，然后将香桥焚化，象征着双星已走过香桥，欢喜地相会。这香桥是由鹊桥传说衍化而来，具有丰富的文化内涵。

在杭州、宁波、温州等地，农历七月初七这天要用面粉制作成各种小型物状，用油煎炸后称"巧果"。晚上在庭院内陈列巧果、石榴、莲蓬、白藕、红菱、柿子等。

石榴，籽实饱满，象征着后代繁荣昌盛。菱角的肉，酷似一个人的心脏，表示与织女心心相印。莲藕，寄托民间对爱情的美好愿望，那就是即使藕断了，丝还相连，在天大的磨难面前，爱人依旧不离不弃。柿子，果肉甘甜，代表爱情的甜美。

女孩对月穿针，以祈求织女能赐以巧技，或者捕

元宝 贵重的黄金或白银制成，一般白银居多，黄金稀见。在我国货币史上，正式把金银称作"元宝"，始于元代。不过，早在唐初开元通宝行世时，民间就有取其硕大、贵重之意，旋读为"开通元宝"的。而元代呼金银钱为"元宝"，则是元朝之宝的意思。

蜘蛛一只，放在盒中，第二天开盒如已结网称得巧。

在浙江，还有外婆给外孙送巧食的习俗，认为孩子吃了就能生巧。在绍兴的一些农村，七夕这一夜会有许多少女一个人偷偷地躲在生长茂盛的南瓜棚下，待夜深人静之时，如能听到牛郎和织女相会时的悄悄话，这待嫁的少女日后便能得到这千年不渝的爱情。

过去，婚姻对于女性来说是决定一生幸福与否的终身大事，所以，世间无数的有情男女都会在这个晚上，在夜深人静的时刻，对着星空祈祷自己的姻缘美满。

为了表达人们希望牛郎和织女能天天过上美好幸福的家庭生活的愿望，在浙江金华一带，每年的农历七月初七这天，家家户户都要杀一只鸡，意为这夜牛郎和织女相会，若无公鸡报晓，他们便能永远不分开。

当然，这些习俗是为传说而生，但是却寄予了人们对有情之人的

■ 清代丁观鹏《乞巧图》局部

良好祝愿。

　　妇女七夕洗发，也是特别的习俗。在湖南、江浙一带都有此记载。明清以来，在杭州地区家家户户在七夕这天都要用槿柳叶泡水，给女孩洗头发，以效织女在此日沐浴洗发、使女孩聪明灵巧。

　　在杭嘉湖地区，这一天，妇女们便取来槿树叶揉搓，取其滑腻的液汁来洗头，以使得头发乌黑生辉，不生头虱。

　　在宁波绍兴地区，在七夕节前，妇女有用荆树叶浸水洗头发的习俗。

　　相传春秋时期，吴国大败越国，越王勾践被俘做了人质，得赦回国后，选范蠡为相，卧薪尝胆，图谋报仇，复兴大业。范蠡深思熟虑之后，准备选取一才

范蠡 春秋末著名的政治家、谋士和实业家。后人尊称"商圣"。他出身贫贱，但博学多才，功成名就之后激流勇退，泛一叶扁舟于五湖之中，期间三次经商成巨富，三散家财，自号陶朱公，乃我国儒商之鼻祖。世人赞誉为："忠以为国；智以保身；商以致富，成名天下。"

西施 本名施夷光，春秋末期出生于浙江诸暨苎萝村。天生丽质。是美的化身和代名词。"闭月羞花之貌，沉鱼落雁之容"中的"沉鱼"，讲的是西施浣纱的经典传说。西施与王昭君、貂蝉、杨玉环并称为我国古代四大美女，其中西施居首。

色兼备的女子送给吴王，使其溺情于声色，不理朝政，以便越国报灭国之恨。

一天，范蠡遇见了西施。西施自幼聪慧，天姿国色，平常喜欢用荆叶浸水梳洗。越灭亡以后，她常在浣沙溪边自吟："春色年年有，年年不见春。浣沙水清清，难洗亡国恨。"范蠡见西施不但貌美，而且为亡国而哀痛，是一位难得的好女子。

于是，在禀告越王勾践之后，范蠡便带了印符护送西施到了吴国。在越国复国之后，范蠡便带了西施于农历七月初七隐姓埋名，泛舟于五湖之间。

老百姓为了表示对西施的敬爱，便于农历七月初七用荆树叶浸水洗发，以示纪念。

七夕在温州的洞头地区是个文化传统非常浓郁的节日。这一天，凡年届16虚岁的孩子都要参加成人礼，未到年龄的，则是属于他们的儿童节。同时，七夕也是祈求安康和象征爱情的节日。

七夕这一天，洞头地区的村子里集中当地儿童，以16虚岁为标准，分成两组。邀请村里有威望的老人，身着传统服饰主持。并贡上红圆、寿龟、巧人饼等特色供品，念诵祭文祝词、焚七星亭、为孩子们祝

■ 西施浣纱图

福纳祥。

在温岭石塘镇的石塘、箬山一带,七夕当日是向七娘妈为未满16岁的儿童祈愿的节日。早在300多年前,石塘、箬山一带的居民从福建、惠安、泉州等地迁入,将当时在闽南盛行的七夕供奉玩偶的习俗也带到了这一地区。因该地区相对封闭的地理位置,这一习俗仍被完好地保留了下来。

石塘小人节的程序是农历七月初一至初七,每天清晨需点七支香,祭七女神。初七清晨,在门口设供桌,摆放彩亭或彩轿,点香烛,放七个酒盅,香蕉、葡萄、西瓜、木耳、香菇等时鲜果蔬,以及糖龟、刀肉、鱼干、鸡蛋、粽子等祭品。

人物画《四美图》

祭祀仪式一般由女性长辈主祭,祈求七女神保佑小孩聪明、健康。祭拜仪式结束时,燃放鞭炮,焚化彩亭或彩轿以献给七娘妈。从凌晨至9时这个时段,整个渔区小镇香烟缭绕,鞭炮声不绝于耳,热闹非凡。

石塘小人节以石塘、箬山为中心,在当地的发展过程中,既保存了宋代京城开封与临安流行的七夕风俗,同时又是在该地区特有生态环境中演变的结果。

每年农历的七月初七,是传说中"牛郎和织女"

> **虚岁** 计算年龄的方法之一,是我国传统的年龄计算方法,计龄方式为在出生时即记为一岁,以后每过一个新年增加一岁。而不像周岁算法,出生时为零岁,之后以当事人的生日为基准每年增加一岁。

> **地藏菩萨** 或称之为地藏王菩萨，曾音译为"乞叉底蘖沙"。因其"安忍不动如大地，静虑深密如秘藏"，故名地藏。他为佛教四大菩萨之一，与观音、文殊、普贤一起，深受世人敬仰。以其"久远劫来屡发宏愿"，故被尊称为大愿地藏王菩萨。

相会的日子。在这一天，萧山坎山一带的乡民就会自动地聚集在地藏寺中，望着天上的繁星明月，用心聆听着牛郎和织女的诉说衷肠。

有数以千计的乡民夜宿地藏寺，彻夜祈求地藏菩萨上天奏告，让玉皇大帝开恩，让这对有情人一家团圆，永不分离。

坎山地藏寺是我国继九华山之后第二座地藏寺，"七夕祭星乞巧"的习俗最先就是在这里开始，已经流传了几百年。在坎山镇，每到农历七月初七夜晚，家家户户都会自发祭星乞巧。

乡民们在虔诚地为"牛郎和织女"祈祷夫妻团圆的同时，也祈盼着自己的女儿能像织女一样心地善良，心灵手巧。

皓月当空，少女们在奶奶或母亲的引导下，举行"祭星乞巧"祭祀，她们在月下摆上八仙桌，庭院中一根巧杆上挂着母亲绣的花边。

萧山花边亦称万缕丝或万里斯，为采用绣针引线方法挑绣的著名民间工艺品。萧山花边的生产主力为女性，她们在七夕节祭星乞巧时，总要精心挑选自己的得意之作挂在"巧竿"上，向牛郎星和织女星展示，乞求织女娘娘赐予更加精进的手工技艺。花边产业与祭星习俗在这里浑然一体，互动互进。

祭星时，桌子上摆放着多丝的莲藕、甜蜜的柿子、多籽的石榴、心状的菱角，还有一碗清水。

柿子因其饱满硕大，颜色大红，入口甜滑，象征爱情甜甜蜜蜜。故七夕节之日，柿子被当作乞巧祭品

九华山 古称陵阳山、九子山，因有九峰形似莲花，因此而得名。于742年改名九华山。方圆100千米内有九十九峰，主峰十王峰海拔1344.4米，山体由花岗石组成，山形峭拔凌空，素有"东南第一山"之称，至今保留着乾隆御赐笔金匾"东南第一山"。

■ 剪纸"仙女"

■ 古画的女子乞巧

祭祀牛郎和织女，祈求爱情甜蜜美满。莲藕折断后，有丝连着，俗称藕断丝连，象征着情思绵绵。

因此，在萧山，每年七夕节，莲藕被当作七夕乞巧的必备祭品。水菱长有4个尖角，通常被国人寓意"棱角分明"和"锋芒毕露"。

由于其果肉形状像颗心，表示和织女娘娘心心相印，象征爱情一心一意。

在祭星仪式上，姑娘按照祖辈的引导，向天际的牛郎和织女敬酒，将酒洒成一个"心"字，祝愿他们能够天长地久。同时乞求织女能让自己心灵手巧，找到那个属于自己心中的牛郎。

这个祭星仪式，直至乞巧的姑娘能看到一碗清水中泛出银色剪刀与一枚花针。从此织女就走进了她的心中，长大后肯定是心灵手巧的女子。

美丽传说的七夕节，从地藏寺的祭祀中走来，渐

萧山 古称余暨、永兴，古属绍兴府，拥有8000年历史，2000年建县史，是越文化的中心地带和新时代浙江精神的发源地之一。萧山区地处我国县域经济最为活跃的长三角南翼，东邻绍兴市柯桥区，南接诸暨市，西连富阳市，西北临钱塘江，与杭州主城区一江之隔，北频杭州湾，与海宁市隔江相望。

渐地演变为坎山一带民间特有的"祭星乞巧"的习俗,成为乡村女孩初长成人的一种洗礼活动。

在萧山,人们在七夕的前一日取雨水、井水各半,盛在碗中,放露天一夜,再在太阳下暴晒半天,中午日当中,等水面生膜后,各家女孩将绣花针或新竹扫帚梢放在水面的膜上,浮而不沉,然后仔细观看针在水底的影子,以验智巧。

如果水底针影散如花,或动如云,或成花头、鸟兽影,或成鞋及剪刀影,就认为"乞得巧"。但是如果水影粗如槌,细如丝,直如轴蜡,就表示人笨手拙,女孩子就会哭的。

在萧山,每年七夕节,女孩子要用彩布制作精美玲珑的小鞋子,挂在公厕展示手工绝活,叫做"请坑香姑娘"。

做小鞋取材土制绸布,经裁剪和褾褶成形。形状小巧玲珑,一双鞋子不足盈握,煞是可人。这种鞋子多为待字闺中的姑娘精心制作,挂在村口公厕,意在展示女红的绝活。

阅读链接

在文字记载中,最早称牛郎、织女为夫妇的,应是南北朝时期梁代的萧统编纂的《文选》,其中有一篇《洛神赋》的注释中说:"牵牛为夫、织女为妇,织女牵牛之星各处河鼓之旁,七月初七乃得一会。"

这时"牛郎织女"的故事和七夕相会的情节,已经初具规模了,由天上的两颗星宿,发展成为夫妻。但在古人的想象中,天上的夫妇和人间的夫妇基本上是一样的,因此,故事中还没有什么悲剧色彩。

至于为什么牵牛、织女要在"七月初七乃得一会"呢?原文未交代。但是随着时间的流逝,牛郎和织女的故事在继续丰富和发展。

晋陕地区独特的结扎巧姑草人

七夕节主要是庆贺天上牛郎与织女的一年一会,民间习惯称为"天河配"。

依照七夕节天上牛郎、织女相会的情节,山西民间有扎像庆贺的风俗。具体来说,这个风俗就是在街头巷口,用树枝等物扎成一对青年男女像,代表牛郎和织女相会。在像前敬献瓜果桃李,以示祝贺。

星汉灿烂之际,如果看到天河中有白气,并闪耀着五色的光芒,就被认为是牛郎和织女相见的征兆。旧时,此刻要下

■ 人物画《妆靓仕女图》

■ 牛郎织女鹊桥相会剪纸

拜，乞求牛郎、织女恩赐。

据说牛郎和织女是勤劳的化身，所以跪拜者求农求织求婚均可，求金求银求暴利则要适得其反。一人只能乞求一事，求多则不灵。在吉祥征兆面前，连续三年诚心诚意乞求一件事，则必然应验。

在山西民间，七夕前后多降雨，能够连续三年乞求一事当属不易。民间传说，七夕节如果天上降雨，那就说明牛郎和织女在哭诉衷肠，预兆着夫妻和睦，家庭兴旺。

在七夕节，姑娘和媳妇还有许多向织女讨教手艺的活动，称为"乞巧"。

晋南地区习惯用当年产的新麦秸编成一座桥，配以牛郎、织女、男孩、女孩、老牛、喜鹊等编织物，置放案头，或是用彩色纸剪成上述景物，并将这些剪纸贴在墙上。祈祷后，拿7根绣花针，用彩色线来穿

剪纸 又叫刻纸，是我国汉族最古老的民间艺术之一，它的历史可追溯到6世纪。不同的是创作时，有的是用剪子，有的是用刻刀，虽然工具有别，但创作出来的艺术作品基本相同，人们统称为剪纸。剪纸是一种镂空艺术，其在视觉上给人以透空的感觉和艺术享受。

针孔，能够一次顺利穿过7个针孔者，就被认为乞得了巧。

曲沃县盛行男孩和女孩以星星草、香节投水乞巧。晋北地区习惯白天在院里晒一盆水，因微尘飘落，盆水的表面形成了一层薄薄的膜。将绣花针涂油以后，轻轻放置水面，能够漂浮者则被认为是乞得了巧。

■ 古画中女子乞巧

晋西北地区是在盆水中放置豆芽，将节前生好的豆芽，放置水面。在阳光照耀下，经过盆水的折射，水底倒影会显示出各种动态，或蜈蚣，或水蛇，或狗，或小鸡，倒影显得越复杂越逼真，意喻乞巧越多。

晋东南地区女孩子，七夕节要逮一只吐丝的蜘蛛，装在匣子里。第二天观察蜘蛛的结网疏密状况，越密乞巧越多。与少女一样，少年男子在七夕节也要向牛郎讨教耕耘的本领。

在晋南地区，习惯在木板或石板上覆土，土上制作茅屋小景，屋旁做成田园。田地中种粟生苗，人们将之称为"谷板"。

晋北地区习惯将小麦及各种豆类用水浸泡，促其生芽。七夕节，用彩线缠芽，称之为"种生"。晋西

粟 即小米，我国古称稷或粟。脱壳制成的粮食，因其粒小，直径2毫米左右，故名。原产于北方黄河流域，我国古代的主要粮食作物，所以夏代和商代属于"粟文化"。我国最早的酒也是用小米酿造的。

北牧童要为耕牛编戴花环，称为"老牛过生日"。

七夕节，民间喜用白面或糕面加油、糖、蜜做成各种糖果，称为巧食。在山西境内，家家要吃西瓜，喜欢在西瓜上刻画花纹图案，称为"花瓜"。

陕西的黄土高原地区，在七夕节的夜晚也有举行各种乞巧活动的风俗。这个时候，妇女们往往要结扎穿花衣的草人，谓之"巧姑"，不但要供瓜果，还栽种豆苗、青葱等。

在七夕之夜，各家女子都手端一碗清水，剪豆苗、青葱，放入水中，用看月下投物之影来占卜巧拙之命。像花的就是巧手，像笔的就爱学习，像锄头的就是种田。

大家看了，有的高兴，有的不乐，这就叫"七月初七掐巧"。这一夜，姑娘们都在佛堂的地上铺的草垫上休息。天刚蒙蒙亮，一群姑娘们就到田野里去打露水。说是七月初七的露水抹在头发上，头发会

古画 女子乞巧

长得又黑又密实。

大家就使劲把青草上、稻子上和各种花草上的露水，都用手去打下来抹在头发上，把头发弄得湿湿的，就像刚从水里钻出来似的。

在陕西等地，在农历七月初七还有迎女避节的习俗。据陕西省《蒲城县志》记载：

七月初七，迎新嫁女避节。

当地传说织女是天帝的孙女，织女婚姻的不幸，是由于天帝不愿孙女与牛郎长期生活在一起造成的。

每逢农历七月初七，人们就要把新出嫁的女儿接回家来，以免天帝发现女儿与女婿长期生活在一起，强迫他们像牛郎与织女一样分开。

当地的这个习俗，充分体现了为人父母者希望女儿婚姻美满幸福的愿望。同时，也说明牛郎和织女的传说不但深入人心，而且影响着人们的日常生活。

阅读链接

牛郎织女传说在我国由来已久，后世经过不断发展演变，逐渐形成了一个完整的传说，钟嵘在《诗品序》中说："气之动物，物之感人，故摇荡性情，形诸舞咏。"

这一论断说明了诗歌创作的直接源起，即"物之感人"，而外物又包括自然界的"物象"和人事界的"事象"。

随着传说的逐渐定型故事化、普及化，以及相关风俗的流传，牛郎织女故事逐渐浸入人们的日常生活，成为影响日深的人文"事象"。